Il nome del selvaggio

DI

NORMAN RUELL

Riepilogo
Scopri questoultimotradizionaleperil primariotempo o innamorarsi di unvintage favorito in tuttoancora.

Nel primitivo "I vecchi desideri nomadi saltano, irritando la catena della consuetudine; Di nuovo dal suo sonno brumo risveglia la tensione ferina". Buck l'ha fattoora non studia piùi giornali, o luiPotevoaverericonosciutoQuelloproblema diventabirra,ora non più da soloper se stesso,peròpera testamarea-acquacanino,robustodi muscoli e con caldo,lungocapelli, da Puget Sound a San Diego. Perchéragazzi, brancolareall'interno delOscurità artica, avevadeterminatoun metallo giallo, edovuto al fattonave a vapore e trasportole società sono stateboom del ritrovamento,un sacco di ragazzi hanno acceleratonel Nord. Questeragazzidesiredpuppies, e ilcuccioliessidesiderato essere statopesantecuccioli, insieme atessuti muscolari robustiquale faticare, ecespugliosocappotti ascudoloro dal gelo. Buck ha vissuto aresidenza massiccia all'interno delbaciata dal sole nella valle di Santa Clara. Il posto del giudice Miller, eccodiventato noto come. Rimase in piediancoradalla strada,1/2 dinascostoalcuni deialberi,attraversoche scorgepuò bestuckdelampiofresca veranda che correvail girosuo4lati. Ilresidenzadiventasi avvicinòattraversovialetti di ghiaia che serpeggiavanoapprossimativamente estensivo-stendere prati esottoi rami intrecciati di alti pioppi. Sul retrole cose sono statesu anche aextrascala spaziosa disuldavanti. Làsono stati incredibilistalle,in qualeuna dozzina di stallieri e ragazzi si tenevano avanti, file di capanne di servi rivestite di vite, eillimitatoe ordinata schiera di dipendenze,lungopergole d'uva,inespertopascoli, frutteti e macchie di frutti di bosco. Quindic'è statol'impianto di pompaggio per l'artesianopropriamente, e ilmassicciocisterna di cementoin qualel ragazzi del giudice Miller hanno fatto il loro tuffo mattutino eimmagazzinatofreddodentro il caldopomeriggio. E oltre questoincredibiledominio Buck. Ecco luidiventarenato, egiusto quiaveva vissuto il4anni suoistili di vita. Essodiventarevero, eccosono stati diversi cuccioli, Lànon potrebbe comunqueesserecuccioli diversisu cosìampioun posto,peròloro feceroora non piùcontare. Essivai lìe andò, risiedetteall'interno delcanili popolosi, o vissuti in modo oscuroall'interno delrecessi delresidenzadopo ilstiledi Toots, il carlino giapponese, o Ysabel, il messicano glabro, -creature sconosciuteQuelloquasi mai posizionatonostriloutsideo mettere piede apavimento. SUl'oppostomano, eccosono statoi fox terrier, avalutazionealmeno di loro, che guaitogaranzie nervosea Toots e Ysabelricercafuori dafinestre di casaa loroe custoditouna legione di cameriere armate di scope e stracci. Ma Buckdiventarenéresidenza-caninoné canile-canino.

Ilcompletareregnodiventareil suo. Si è tuffato nella vasca o è andatoricercacon i figli del giudice; accompagnò Mollie e

Alice, le figlie del giudice, a proseguirelungopasseggiate crepuscolari o mattutine; nelle notti d'inverno giacevasulGiudicitoesprima diil fuoco scoppiettante della biblioteca; portava su di sé i nipoti del giudiceancora, o arrotolatiall'interno delerba,e protettoi loro passiattraversoavventure selvaggefino in fondola fontanadentro il fortecortile,o ancheal di là,in qualei paddocksono statoe le macchie di bacche. Tra i terrier inseguiva imperiosamente, e Toots e Ysabel luicompletamenteignorato, per luidiventarere, — re su tutto ciò che striscia, striscia, volaimportaal posto del giudice Miller,esseri umaniincluso. Suo padre, Elmo, amassiccioSan Bernardo,eranoil compagno inseparabile del giudice, e Buck fece un'offertaveritieroarispettare all'interno del mododi suo padre. Luidiventa ora non piùcosì grande, - pesavacento più efficacie40 chili,—per sua madre, Shep,eranoun pastore scozzesecanino. Tuttavia,centoe40 chili, a cuidiventa consegnata la gloriache viene daesatta dimoraecomune apprezzare, gli ha permessotenerese stesso dentrocorrettorealestile.

Durante4annivisto chela sua infanzia aveva vissuto ilstili di vitadi un aristocratico sazio; lui aveva unpiacere di qualitàin se stesso,diventareanche un po' egoista, comestati uniti d'america, di tanto in tanto, a causa diloro situazione insulare. Ma lo avevaimmagazzinatolui stessoattraverso ora non si trasforma più in una sciocchezzacoccolatoresidenza-canino. Caccia e parentifuori dalle portedelizie avuteimmagazzinatogiù ilgrassie ha indurito il suotessuti muscolari; e a lui, come alsenza sanguegare di tubing,l'affettod'acquaeranoun tonico e unfitnessconservatore. E questodiventareilmododicaninosecchio diventare all'interno delautunno del 1897,mentrelo sciopero del Klondike si trascinòragazzidatutto il mondonel gelido Nord. Ma Buck l'ha fattoora non studia piùi giornali, e lo feceora non lo riconosci piùquel Manuele,uno diaiutanti del giardiniere,diventareunindesideratocon oscenza. Manuel aveva un grave peccato. Luiamatoper giocare alla lotteria cinese. Inoltre, nel suo gioco d'azzardo, aveva una debolezza assordante:religionein ungadget; e questo rendeva certa la sua dannazione. Per giocare agadgetcalls forcash,mentrelo stipendio di un aiutante di giardiniere va beneora non piùgiro sopra ilauguridi unSposaeseveroprogenie. Il giudicediventareaassemblaggiodell'Asso ciazione dei coltivatori di uva passa, egli uomini sono statiimpegnato nell'organizzazione di un'atleticaappartenenza,almemorabilen ottedel tradimento di Manuele. Nessunosi accorselui e Buckscoppiareil frutteto su ciò che Buck immaginavadiventa semplicementeuna passeggiata. Etranneun solitariotipo,nessuno notatoloro arrivanosulpiccola stazione di bandierachiamatoParco del Collegio. Questotipoparlato con Manuel, eContantiscrepolatofraloro.

"VoiMaggioincartarei prodotti prima ditu mi consegni", lo sconosciutoha dichiaratoburbero, e Manuel ha raddoppiatoun pezzodi robusta cordail giroll collo di Bucksottoil collare. "Ruotalo, epotrestisoffocare 'm plentee,"ha dichiaratoManuel, e lo sconosciuto grugnì apreparatoaffermativa. Buck avevaconsuetola corda con tranquilla dignità. A dire il vero, essodiventareuna performance inaspettata:peròlui avevascopertoaessere d'accordo coninragazzisapeva, eoffrireloropunteggio di creditoper uncompetenzache ha superato il suo. Mamentrele estremità della cordasono stati posizionati all'interno delmani di uno sconosciuto, ringhiò minaccioso. Lui avevasemplicementeintimò il suo dispiacere, nel suopiacerecredendo che intimodiventarecomandare. Ma al suomeravigliala corda si teseil giroil collo, chiudendogli il respiro. Inbreverabbia a cui è scattatola persona, che lo incontrò a metà strada, lo afferròqui vicinola gola, e con un'abile torsione lo gettò addossoancora. Poi la corda si strinse senza pietà,mentreBuck lottò con furia, la lingua che penzolava fuori dalla sua bocca e dalla suaincredibileil petto ansimava inutilmente. Mai in tutto il suostili di vitase fosse stato trattato così vilmente, ein nessun modoin tutto il suostili di vitase fosse stato così arrabbiato. Ma il suopotenzaebbed, i suoi occhi vitrei, e sapevanon nienteilinsegnare a diventarecontrassegnato ei 2 ragazzilo gettò nelbagagliautomobile. Ilsuccessivosapeva, luidiventaredebolmentecoscienteche la sua linguadiventaremale e che luidiventareessere scossoa fiancoinalcuni tipi diun trasporto. L'urlo roco di una locomotiva che fischia un incrocioinformatoluiin qualeluidiventare. Anche lui aveva viaggiatoregolarmentecon il Giudiceora non piùariconoscere la sensazionediusandoin unbagagliautomobile. Aprì gli occhi e dentro di lorovai lìla rabbia sfrenata di arapitore. Iltipogli balzò alla gola,peròsecchiodiventareanchebrevepe r lui. Le sue mascelle si chiuseroalmano, né loroallentare fino ai suoi sensisono statosoffocato da luinon appena extra. "Sì, ha degli attacchi"la persona dichiarata, nascondendo la sua mano maciullata al bagagliaio, cheeranoattrattoattraversoi suoni diguerra. "Sto prendendo il capo per 'Frisco. Una crepacanino-operatore sanitariolì pensa di potermi curare." A questo propositonotte's giro,la personaha parlatomassimoeloquentemente per se

stesso, inun pocapannoneancoradi un salonealLungomare di San Francisco. "Tutto quello che ottengo sono cinquanta per questo", brontolò; "e ionon lo farebbefallo per mille,senza sanguecontanti." La sua manodiventareavvolto in un fazzoletto insanguinato, e ilcorrettogamba dei pantalonidiventarestrappato dal ginocchio alla caviglia. "Comemoltifattol'oppostoprendere la tazza?" domandò il custode del saloon. "Cento,"diventareilrispondere. "Non ci vorrebbe un soldomolto meno, Cosìassistereme." "Questo facentoe cinquanta," calcolò il custode del saloon; "elui vale davveroo sono una testa quadrata." Il rapitore aprì gli involucri insanguinati econtrollatola sua mano lacerata. "Se iononprendi l'idrofobia...» «Lo saràdovuto al fattovoidiventarenato perpresa"," rise il custode del saloon. "Ecco, dammi una manoprima ditu tiri il carico", luiconsegnato.
Stordito,lottandoinsopportabiledoloreda lla gola e dalla lingua, con ilstili di vita1/2 distrozzato fuori di lui, Buckcercato di stare in piedii suoi aguzzini. Ma luidiventaregettato a terra

e soffocato ripetutamente,Fino aci sono riuscitipresentazioneil pesante collare di ottone dal collo. Poi la cordadiventarerimosso, e luidiventarescagliatoproprio in uncassa a gabbia. Lì giaceva per ilil riposodegli stanchinotte, nutrendo la sua ira e feritopiacere. Luinon riuscivo a riconoscereche cosatuttosignificava. Cosa hanno fattobisognocon lui,quei ragazzi straordinari? Perchésono statoessipreservarelui rinchiusosu questo snellocassa? Lui feceora non lo riconosci piùperché,peròsi sentiva oppressoattraversoilesperienza indistintadiimminentecalamità. Parecchiistanze nel corso diilnottebalzò al suotoeswhistla porta del capannone si spalancò,guardando per scrutareil giudice, ogli uominialmeno. Main ogni occasioneessodiventarela faccia sporgente del custode del saloon che lo scrutavaattraversoil malatoblandodi una candela di sego. Ein ogni occasioneilcomodolatrato che tremava nella gola di Buckdiventarecontortoproprio in unringhio selvaggio. Ma il saloon-keeperpermettereluida solo, eall'interno delmattina4ragazziinseritoe raccoltola cassa. Più aguzzini, decise Buck, per lorosono statoil male-ricercacreature cenciose e trasandate; e si scagliò contro di loro e si infurìòattraversoi bar. Essiil più efficacerise e gli diede uno schiaffo, cosa che luial momentoassalitoinsieme a suo smalto fino alluiscopertoche quellodiventarecosa lorodesiderato. Dopodiché si sdraiò imbronciato e lasciò che la cassa fosse sollevataproprio in uncarro. Poi lui e la cassain cuiluidiventareimprigionato,iniziatoun passaggioattraversomolte mani. Impiegatiall'interno del luogo di lavoro specificoha presotassadi lui; luidiventarecartonatocircainqualsiasi altrocarro; un camion lo trasportava, con uncollezionedicontenitori di imballaggioe pacchi, su un battello a vapore; luidiventaretrasportato fuori dal piroscafoproprio nell'incredibiledeposito ferroviario, ealla fineluidiventaredepositato in unautomobile specifica. Per giorni e notti questospecifica automobilebecometrascinatoaccanto alcoda di locomotive urlanti; eper 2giorni e notti Buck non mangiava né beveva. Nella sua rabbia aveva incontratoil primarioanticipi delspecificomessaggeri con ringhi,e che loroaveva reagitoattraversostuzzicandolo. Quando si è lanciatoin opposizione ale sbarre, tremando e schiumando, ridevano di lui e lo schernivano. Ringhiavano e abbaiavano come detestabilicuccioli, miagolavano e sbattevano il loroditae cantava. Essodiventaretutto molto sciocco, lo sapeva;comunque di conseguenzailextraoltraggio alla sua dignità, e la sua ira crebbe e crebbe. Lui feceora non più pensieriilfameCosìmolti,tuttavia la perdita diacquaindottoluiestrema lottae ha alimentato la sua ira fino a diventare febbrile. Del resto, teso e finemente sensibile, ilmaltrattamentolo aveva scagliatoproprio in unfebbre, chediventarealimentatoattraversoilinfez ionedella sua gola e della sua lingua arse e gonfie. Luidiventare feliceper unoaspetto: la cordadiventaredal collo. Ciò aveva dato loro un vantaggio ingiusto;peròora che lo èdiventarevia, luipotrebbe visualizzareloro. Essinon potrebbe in alcun modoottenerequalsiasi altrocordail giroil suo collo. Su questo luidiventarerisolto. Per giorni e notti non mangiò né bevve, enel corso di quelligiorni e notti di tormento, luiraccoltoun fondo d'ira che fa presagiremaleper chi per primo è caduto in colpa di lui. I suoi occhicrebbe fino a diventareiniettato di sangue, e luidiventaremetamorfosatoproprio in undemonio furioso. Cosìmodificatodiventalui che il Giudice stessoora non poteva piùaverediagnosticatolui; e ilspecificoi messaggeri respiravanosollievo dopo di lorolo ha infagottatoinsegnarea Seattle. quattroragazzicautamente trasportò la cassa dal carroproprio in unpiccolo, dalle pareti alteancoracortile. Un robustotipo, con unviolamaglione che cadeva generosamentesulcollo,vai lìfuori e firmato ilee-e libroperla forza motrice. Quelladiventa la personaBuck indovinò,il successivoaguzzino, e si scagliò selvaggiamentein opposizione ai bar. Iltiposorrise cupamente,e presoun'accetta e unapnappartenenza. "Non lo farai fuori adesso?"la forza motricechiesto. "Sicuro,"la personaha risposto,cavalcarel'accetta nella cassa per una leva. Làdiventare direttodispersione del4ragazzichi l'aveva portato dentro e dasicurosi appollaiaculmineil muro loroorganizzatoda guardarela prestazione. Buck si precipitòsulscheggiando il legno, affondando il suosmaltoin esso, impennandosi e lottando con esso. Ovunque cadesse l'ascia di guerraalfuori, luidiventarelàaldentro, ringhiando e ringhiando, altrettanto furiosamentefastidiosouscire comela persona all'interno del violamaglionediventare irriverenteper farlo uscire. "Ora tuviola-diavolo dagli occhi", luiha dichiarato,mentreaveva fattoabbastanza a bocca apertaper il passaggio di Bucktelaio. Alparivolta che ha lasciato cadere l'ascia e ha spostato laappartenenzaal suocorrettomano. E Buckdiventare chiaramenteunviola-diavolo dagli occhi, mentre si disegnavacollettivamenteper la primavera, i capelli ispidi, la bocca schiumosa, un folle scintillio negli occhi iniettati di sangue. Dritto ala personaluirilasciatoil suocentoe40 chilidi furore, sovraccaricato con il pentitoardoredi giorni e notti. A mezz'aria,semplicementecome le sue mascellesono stati quasi chiusiSula persona, luiacquisitiunsorpresache ha controllato il suoframeand presoil suosmalto collettivamentecon una clip agonizzante. Si girò di scatto, prendendo ilpavimentosul suoancorae laterale. Lui avevain nessun modostato colpitoattraversounappartenenzanel suostili di vita, e l'ha fattoora non lo riconosci più. Con un ringhio chediventare elementoabbaiare eextraurla luidiventare ancora una voltasul suole dita dei piedierilasciatoNell'aria. Eancora una voltailsorpresa quie luiessere introdottoschiacciante alpavimento. Questa volta luidiventare coscienteche essodiventareilappartenenza,peròil suofollianon conosceva cautela. Una dozzinaistanzeha accusato, e comeregolarmenteilappartenenzaha rotto iltassae l'ha fatto a pezzi. Dopo unspecialmentecolpo feroce, strisciò verso il suole dita dei piedi, troppo stordito per correre. Barcollò mollementecirca, il sangue che scorre danaricee bocca e orecchi, suoibellomantello spruzzato e macchiato di sanguinante schiavista.

Quindila   persona
superioreeintenzionalmentegli   assestò
un colpo terribilealla narice. Tutti
idolorelui
avevapersisteddivennecomenon   niente
in confrontocon iltremendo doloredi
questo. Con un ruggito chediventato
quasisimile a un leone nella sua
ferocia, luiancora una voltasi scagliò
controla   persona.   Mala
persona,trasferireilappartenenzadacorre
ttoa   sinistra,
freddamenteincollatoluiattraversoilsott
omascella,alla   paritempo   straziante
verso   il   basso   e   all'indietro.
secchiodefinitountotalecerchioall'intern
o delaria, e1/2 didiqualsiasi altro, quindi
si è schiantato supavimentosulla testa e
sul petto. Per ilultimovolta che si è
precipitato.   Iltipocolpito
ilinteligentecolpo   che   aveva
volutamente trattenutoper così tanto
tempo, e Buck si accasciò e cadde,
bussòcompletamenteinsensato. "Non è
svogliatocanino-irrompere',questo
ècome dico?"uno dei ragazzi algridò con
entusiasmo. "Drutherrelittocayuse ogni
giorno,   edue   voltedi
domenica,"diventareilrisponderedila
forza   motrice,   mentre   si

arrampicavaalcarro einiziatoi cavalli. I sensi di Buckarrivato di nuovoa lui,tuttavia ora non piùil suopotenza. Giacevain qualeera caduto e da lì osservavala persona all'interno del violamaglione. " 'Risposte alchiamatadi Buck,'"la personamonologo, citando la lettera del custode del saloon che avevaintrodottola spedizione della cassa e del contenuto. "Beh, Buck, ragazzo mio," proseguì con voce gioviale, "noi abbiamoabbiamo avuto il nostro piccolo ruction, e ilaspetto piacevole siamo in grado di farlofare èpermettereessoattraversoa quel. Haiscopertoil tuo posto e ioriconoscereil mio. Essereun fantastico caninoe tuttoin modo incrociatoe l'ocapresaalto. Sii unorrifico, e ti spaccherò la roba. Capisci?" Mentre parlava accarezzò senza paural'apiceaveva picchiato così spietatamente, ecomunquel capelli di Buck si rizzarono involontariamentecontattodella mano, luipersistevaessosenzaprotesta.

quandola persona presentatalui l'acqua bevve avidamente, e in seguito si spense abeneficiariopasto dicrudola carne,masticare da masticare, dala personala mano. Luidiventare sopraffatto(lo sapeva);peròluidiventa ora non più danneggiato. Luisi accorse,non appenaper tutti, che era nominacciando l'opposizione a una personacon unappartenenza. Lui avevascopertola lezione, e in tutto il suo dopostili di vitaluiin nessun mododimenticato. Quellal'appartenenza diventauna rivelazione. Essodiventareil suocreazioneal regno della legge primitiva, e ha incontrato ilcreazionea metà. Ilinformazionedistili di vitaha assunto un carattere più feroceelemento; ementreluiconfrontatoQuelloelementoi mpudico, luiconfrontatocontutti dilatentevolpinosuscitato dalla sua natura. Comei tempiandatoattraverso,diversi cuccioli sono arrivati qui, in casse esulestremità delle corde,alcunidocilmente, ealcunifurioso e ruggente come era venuto; e, uno e tutti, li guardavasaltare sotto il regnodila persona all'interno del violamaglione. Di nuovo eancora una volta, come luicontrollato ogni voltaperformance brutale, la lezionediventare domestico spintoa Buck:una personacon unl'appartenenza diventaun legislatore, apresaessere obbedito,anche se ora non è più sempreconciliato. Di questoultimosecchiodiventando in nessun modocolpevole,comunqueha vistocuccioli sopraffattiche ha adulatola persona, e scodinzolavano e gli leccavano la mano. Anche luisi accorseunocanino,ciò potrebbené conciliare né obbedire,alla fineuccisodentro la guerraper maestria. Ora eancora una volta i ragazzi sono arrivati qui, estranei, che parlavano con eccitazione, in modo lamentoso e in tutto e per tuttotipi di modelliala persona all'interno del violamaglione. E a talecasi in cui i contanti hanno superatoli gli estranei hanno preso uno oextradelcucciolivia con loro. secchioperplesso chesono andati, per loroin nessun modo sono tornato qui;tuttavia la preoccupazionedelil destino diventa robustosu di lui, e luidiventa felice in ogni occasioneluidiventa ora non piùselezionato. Eppure il suo tempovai lì,all'interno delfine,all'interno della formadiun poinebriatotipoche ha sputatodanneggiatoinglesee molto di straordinarioe rozze esclamazioni che Bucknon riuscivo a riconoscere.

"Sacredam!" lui pianse,mentrei suoi occhi si posarono su Buck. "Quel maledetto bullocanino! Eh? Come moch?" "Trecento, eun regaloa quel,"diventareilla scintilla si offredila persona all'interno del violamaglione. "E sembra'è autorità in contanti, non lo seisono stati datinessun calcio in arrivo, eh, Perrault?" Perrault sorrise. Considerando che ilVotadicuccioli eranotuonò verso il cieloattraversola richiesta insolita, essodiventa ora non piùuna somma ingiustaper tale qualitàun animale. Il governo canadesePotevonon essere perdente, néPotevoi suoi dispaccitouril più lento. Perrault lo sapevacuccioli, ementreluicontrollatoBuck sapeva che luidiventareuno su mille... "Uno su diecimila," commentò mentalmente. secchionotato cashbyskipamongloro, ediventa ora non più stupito mentreRiccio,un fantastico-Natura Terranova, e luisono statoportato viaattraversoil piccolo storditotipo. Quelladiventareilultimoluisi accorsedila persona all'interno del violamaglione, e come Curly e luicontrollatoallontanandosi Seattle dal ponte del Narwhal, essodiventareilultimoluisi accorsediil bello e accoglienteSudland. Ricci e luisono statopreseal di sottoPerrault ecrebbe fino a diventaresu un nero-confrontatomassiccio noto comeFrancois. Perraultdiventareun franco-canadese e bruno;peròFrancoisdiventareun franco-canadese1/2 di-razza, edue voltecome bruno. Essisono stati un nuovo tipo di ragazzia Buck (di cui luidiventaredestinatascrutaremoltiextra), ementreluiAvanzatenessun affetto per loro, lui nessuno ilmolto menoè cresciutovirtualmenteapprezzareloro. Luiin modo tempestivo scopertoche Perrault e Francoissono stati veritieri, calma

eindipendentenell'amministrazione della giustizia, e anchesmartall'interno del mododicuccioliessere preso in giroattraverso i cuccioli. Nei 'tween-deck del Narwhal, Buck e Curly si unironocuccioli diversi. Uno di lorodiventareunmassiccio, ragazzo bianco come la neve di Spitzbergen chesono stati introdottilontanoattraversoun capitano di caccia alle balene, e che l'aveva fatto in seguitoosservatoun'indagine geologica nelle Barrens. Luidiventareamichevole, in un traditoretipo di modo, sorridendo in faccia ilmentreluiponderato pochitrucco subdolo, come, ad esempio,mentreha rubato da Buck'spastiail primariopasto. Quando Buck balzò per punirlo, la frusta di Francois cantòattraversol'aria,realizzareildelinqu enteprimo; enon nienterimase a Buckperòamigliorarel'osso.

Quelladiventare veritierodi Francois, decise, e il1/2 di-razzainiziatoil suospinta verso l'altonella stima di Buck. Ilcanino diversonon ha fatto anticipi, néacquisitiqualunque; inoltre, lo ha fattoora non provare più a prendere in prestitodai nuovi arrivati. Luidiventareun tipo cupo e cupo, e luiconfermatoRicciosembra che tuttiluifavorito diventaessere lasciatoda solo, e inoltre, che lìPotevoessereproblemase luinon sono piùsinistrada solo. "Dave" luidiventato noto come, e mangiava e dormiva, o sbadigliavatra le istanze, e prenderepassatempoinnon niente,ora non più anche seil Narvalo attraversò il Queen Charlotte Sound e rotolò, beccheggiò e sgrovigliò come unaspettoposseduto. Quando Buck e Curly si eccitarono,1/2 diselvaggio conpreoccupazione, alzò la testa comecomunqueinfastidito,desideratocon uno sguardo incuriosito, sbadigliò e si addormentòancora una volta. Giorno enotteilconsegnarepulsava al battito instancabile dell'elica, eanche se un giorno diventerà molto simile a qualsiasi altro, essodiventa ovvioa Buck che ilil clima diventa gradualmente in via di sviluppopiù freddo. Inultimo, una mattina, l'elicadiventaretranquillo, e il Narvalodiventarepervaso di unambientedi eccitazione. Lo sentiva, così come lo sentivai cuccioli opposti, e sapevache si alternanoa mano. Francois li ha tenuti al guinzaglioe presoloro sul ponte. Inprimo passosopra alsenza sanguesuperficie, di Buckle dita dei piediaffondòproprio in unbiancaqualcosa di tenero molto simile afango. È balzatoancoracon uno sbuffo. Più di questa roba biancadiventarecadenteattraversol'aria. Si scosse,comunque extradi esso cadde su di lui. Lo annusò con curiosità, poi leccòalcunisulla sua lingua. Era un po' come il fuoco, el'immediato successivo diventaandato. Questoperplessolui.

Luitentatoessoancora una volta, con ilparirisultato. Gli spettatori ridevano fragorosamente e lui si vergognava, lo sapevaora non piùperché, per questodiventarela sua prima neve. Ilregolamentodiappartenenzae il primo giorno di Buck Buckalcoloranteil mare è diventatocome un incubo. Ogni oradivenne pieno di sorpresae sorpresa. Luisono stati tutti all'improvvisostrappato dalcuore coronaricodella civiltà e gettato nelfattori di cuore coronaricoprimordiale. Non pigro, baciato dal solel'esistenza è diventataquesto, connon nienteda fareperòoziare e annoiarsi. Quidivennenné pace, nérilassamento, né asecondola sicurezza. Tuttodivenneroconfusione e azione, eognisecondaesistenzae artosono statoin pericolo. Làdivenne vitaleesserecontinuamentemettere in guardia; perquei cuccioliei ragazzi ora non sono più in città cuccolieragazzi. Essisono statoselvaggi, tutti loro, che non sapevanoregolamento, tuttavia, il regolamentodiappartenenzae zanna. Lui avevain nessun modovisiblepuppiescombatcomequellicr eature lupi hanno combattuto, e il suo primodivertitigli ha insegnato una lezione indimenticabile. èvero, essodivenneroun vicariodivertiti, altrimenti luiora non poteva piùhanno vissuto fino areddito con l'aiuto dell'utilizzoesso. Ricciodivennerola vittima. Essisono statoaccampatovicino ail negozio di log,in qualelei, in leimodo piacevole, ha fatto delle avances a un huskycaninela scaladi un lupo adulto,anche se ora non è più 1/2 diCosìmassicciocome lei. LàdivenneroNoattenzione,più maneggevoleunrimbalzoin un lampo, aacciaioclip didente, unrimbalzofuorialtrettanto velocee la faccia di Curlydivennerosquarciato dall'occhio alla mascella. Essodivenneroil lupomododiprevenire, colpire erimbalzolontano;tuttavia c'è stato maggioread esso di questo. Trenta o40gli husky corsero sul posto e circondarono ilparti in guerrain unfondamento logicoe il circolo silenzioso. Buck l'ha fattoora non mi rendo più contoquell'intento silenzioso, né ilmodo acutocon cui lorosono statoleccandosi le costolette. Curly si precipitò sul suo antagonista, che

colpìancora una voltae si fece da parte.
L'ha incontratasuccessivofrettainsieme
al suopetto, dentrouno stile stranoche
l'ha fatta cadere di dossopiedi. Leisenza
significatoli ha riconquistati,
questodivennerociò che gli husky in
attesa avevano aspettato. Si
avvicinarono a lei, ringhiando e
urlando,e lei o lui divennesepolto,
urlando di agonia,sottola massa ispida
dei corpi. Cosìinaspettato è
diventatoesso, e così inaspettato, quel
Buckdivenneropreso alla sprovvista.
Luisi accorseSpitz esaurisce la sua
lingua scarlatta in amanieraaveva da
ridere; e luisi accorseFrancois, facendo
oscillare un'ascia, salta nel caos
dicuccioli. Treragazziinsieme ale
attrezzature da golf sono state di aiutolui
a disperderli. Lo ha fattoora non
piùprenderelungo. Duemindal
momento in cui Curly è sceso,
ilchiusuradei suoi assalitorisono
statobastonato. Ma lei giaceva lì inerte
einutile all'interno delneve insanguinata
e calpestata,quasi in realtàstrappato
aporzioni, lo swart1/2 di-razzastatosu
di lei e imprecando orribilmente. La
scenafrequentemente qui in bassoa Buck
aproblemalui nel sonno.

Affinchédivenneroilmaniera.
Noveritierogiocare a. Una volta giù,
quellodivenneroilusciredi voi. Bene,
luiPotevofare in modo che luisenza
significatoandato giù. Spitz fece uscire
la lingua e riseancora una volta, e da
quellosecondoBuck lo odiava con
unacidoe odio immortale. Prima che si
fosse ripreso dalsorpresa a causa dila
tragica scomparsa di Curly, luiottenuto
qualche altra sorpresa.
Francoismontatosu di lui
unassociazionedi cinghie e fibbie.
Essodivenneroun'imbracatura,insieme
alui avevavisibilegli sposiposto sui
cavalli a casa. E come aveva
fattovisibilecavalliquadri, così
luidivenneroimpostatoquadri,
trascinando Francois su una slitta
alzona boschivache costeggiava la valle,
e tornando con un carico di legna da
ardere. Nonostante la sua
dignitàdivennerodolorosamentedanno
con l'aiuto dell'uso di
conseguenzaessendo diventato un
animale da tiro,
luidivenneroancheintelligenteribellarsi.
Si è piegato con una volontà e ha fatto
il
suoqualità,comunqueessodivennerotutto

nuovo e strano. Francoisdivenneropoppa,inquietante immediatoobbedienza, econ l'aiuto dell'utilizzo di caratteristiche distintivedella sua frusta che riceveimmediatoobbedienza;allo stesso tempo diDave, chidivennerounabilewheeler, morsicò i quarti posteriori di Buckogni voltaluidivenneroin errore. Spitzdivenneroil leader, allo stesso modoabile, eallo stesso tempo diluidi solito non potevoarrivare a Buck, ha ringhiato brusco rimprovero ora eancora una volta, o astutamente gettato il suo pesodentro le righeper spingere Buck nelmanieraluidevi muoverti. secchioscopertofacilmente, esottoilformazione mistadel suosocie Francois fattodi prima qualitàprogresso. Prima loroancoraal campo lo sapevasufficienteaimpedirea "ho,"muoversi in anticipoa "poltiglia", oscillareesteso alcurve e apreservarepulitodel volantementrela slitta carica scese in discesa alle loro calcagna. "T'reeva"cuccioli giusti," FrancescoinformatoPerrault. "Dat Buck, heem pool lak hell. Tichheemqueek as anyt'ing." Nel pomeriggio, Perrault, chedivenneroinuna corsaessereal percorso insieme al suodispacci,ancorainsieme acuccioli maggiori. "Billee" e "Joe" luiconosciuto comeloro, fratelli, everohuskya testa. Figli dil'unicomomaleven peròessisono stato, essisono statocomeunicocome giorno enotte. Billee è una colpadivenneroil

suosmoderatonatura,allo stesso tempo diGiodivenneroproprio il contrario,amaroe introspettivo, con un ringhio perpetuo e uno sguardo maligno. secchioottenutoloro in cameratastile, Davelasciato fuoriloro,allo stesso tempo diSpitz ha proceduto a battere il primodopo di che l'alternativa. Billee scosse la coda in modo pacifico,divennerocorrerementreluisi accorsequella pacificazionedivenneroinutilmente, e pianse (tuttaviapacificamente)mentreSpitz è acutodenteha segnato il suo fianco. Maindipendentemente dacome Spitzvoltato, Joe si girò di scattoil giroalle calcagnaStare in piedilui, la criniera irta, le orecchie posateparte bassa della schiena, labbra che si contorcono e ringhiano, mascelle che si taglianocollettivamentecomerapidocome luidovrebbeschiocco, e gli occhi diabolicamente scintillanti, l'incarnazione del bellicosopreoccupazione. Cosìorribile è diventatoil suoGuardaquello Spitzdivenne sotto pressionerinunciare a disciplinarlo;peròacappuccioil suopersonalesconvolgere luidivennerosull'inoffensiva e lamentosa Billee e lo condusse ai confini del campo. DinottePerrault assicuratoqualche altro canino, unVintage ▾husky,lungoe magro e magro, con una faccia sfregiata dalla battaglia e acelibeocchio che balenò aattenzionedi prodezza che comandavaapprezzare. Luidivenne noto comeSol-leks,ciò significa chel'arrabbiato. Come Dave, luinon ha richiesto nulla, ha datonon niente,non predetto nulla; ementreha marciato lentamente eintenzionalmentein mezzo a loro, anche Spitz lo lasciò solo. Aveva una particolarità che Buckdivenne sfortunato sufficientescoprire. Lui feceora non voglio piùessere avvicinato dal suo lato cieco. Di questo reato Buckdivenneroinconsapevolmente colpevole, el'informazione primariaaveva della sua indiscrezionedivenne nel frattempoSolleks si girò su di lui e gli tagliò la spalla fino all'osso3pollici su e giù. Per sempre dopo Buckevitatoil suo lato cieco, e alchiudendo il loroil cameratismo non avevamaggior problema. Il suopraticoambizione, come quella di Dave,divenneroessere lasciato solo;comunque, come Buckdivenne in seguitoaricerca,ognidi loro possedutiun extra o addirittura grandeessenzialeambizione. Quellanottesecchioconfrontatoilnotevole problemadi dormire. La tenda, illuminatacon l'ausilio dell'utilizzouna candela, brillava caldamenteall'interno delin mezzo alla pianura bianca; ementrelui, come aessere contatoovviamente, inserito,a testaPerrault e Francois lo bombardarono di maledizioni e utensili da cucina,Fino asi riprese dalla sua costernazione e fuggì ignominiosamente nell'esternosenza sangue.

UNrelaxventodivennerosoffiando che lo

morse bruscamente e morse con un veleno speciale nella sua spalla ferita. Si sdraiòalneve eprovatodormire,in ogni caso, ilbrinavelocementelo fece rabbrividire al suopiedi. Miserabile e sconsolato, vagòcirca alcuni deitante tende,più maneggevoleaindividuareQuelloareadive nnecomesenza sanguecomequalche altro. Qua e là selvaggiocucciolisi precipitò su di lui,peròsi arruffò i capelli del collo e ringhiò (perché luidivenne studiando velocemente),e che consentonoluimuoversiil suomanieraindisturbato. Infine unil concetto è arrivato quia lui. Luipotrebbe tornare indietro e spotcome suoequipaggio personale-i soci sono statipomiciare. Con suo stupore,che lo avrebbero fattoscomparso. Di nuovo vagòapprossimativamente attraversoilnotevolecampo,Alla Ricercaloro, eancora una voltaluiancora. Eranoall'interno deltenda? Non quellonon potevoessere, altrimenti luinon potevano più essere respintifuori. Quindiin quale dovrebbeessiprobabilmenteessere? Con la coda cadente e i brividitelaio, davvero molto sconsolato, senza metavoltatola tenda. Improvvisamente la neve cedettemodo sottole gambe anteriori e si lasciò cadere. Qualcosa si è agitatosottoil suopiedi. È balzatoparte bassa della schiena, ispido e ringhioso,spaventato dall'invisibile e l'ignoto. Ma unpiacevoleun piccolo guaito lo rassicurò e se ne andòparte bassa della schienainvestigare. Un soffio dicalorel'aria salì alle sue narici, e lì, si raggomitolòsottola neve dentroun coccolosopalla, sdraiati Billee. Si lamentò in modo placante, si contorceva e si dimenavaesporreil suoGiustovolontà e intenzioni,o anchesi azzardò, come mazzetta per la pace, a leccare la faccia di Buckinsieme a hisheatmoistlingua. Un'altra lezione. Affinchédivenneroilmanieral'hanno fatto, eh? secchiosi spera decisoun posto, e contonnellateconfusione e sprecotentativoha proceduto a scavare avuotoper se stesso. In un attimoil caloredal suostipato di telaioilarea vincolatae luidivenneroaddormentato. Il giornoerano lunghie faticoso, e dormiva bene e bene,comunqueringhiò e abbaiò e lottò conterribilesogni. Né aprì gli occhiFino asvegliatocon l'ausilio dell'utilizzoi rumori del campo di veglia. All'inizio lo feceora non mi rendo più conto di qualeluidivennero. Aveva nevicatotutto attraversoilnottee luidivenne assolutamentesepolto. La nevepartizionilo incalzavaa testalato, e anotevoleondata dipreoccupazionespazzatoattraversolui- la preoccupazionedel selvaggioaspettoper ilinvogliare. Essodivenneroun segno che luidivenneroascoltandopiù in bassoil suoesistenza personalealla vita dei suoi antenati; per luidivenneroun civilecanino, un indebitamente civilecanino, e dei suoipiacere personalesapeva noinvogliaree cosìnon potevodi se stessopreoccupazioneesso. Iltessuti muscolaridel suoframe completo ridottospasmodicamente e istintivamente, i capelli sul collo e sulle spalle si rizzaronouscire, e con un feroce ringhio balzòimmediatamentefino al giorno accecante, la neve che volacircalui in una nuvola lampeggiante. Prima che fosse atterrato sul suopiedi, luisi accorseil campo biancosvelarefuoriprima dilui e lo sapevain qualeluidivenneroe ricordava tutto ciò che avevasuperatoda quando è andato per acamminarecon Manuel alvuotoaveva scavato per sé ilnotte prima di. Un grido di Francois lo salutòGuarda. "Che dico?" ilcanino-forza motricegridò a Perrault. "Dat Buck percerta ricercaqueek as anyt'ing." Perrault annuì gravemente. Come corriere per il governo canadese, sopportandocriticodispacci, luidivenne inquietanteastabileilcuccioli di qualità, e luiè diventato in modo specialerallegratocon l'ausilio dell'utilizzoilProprietàdi Buck. Tremaggiorehuskysono stati portatialinterno dell'equipaggioun'ora, facendoun completodi nove, eprima di qualche altra zonadi un'ora avevasuperatoessisono statoin imbracatura e oscillare verso l'altopercorsoil canone dei coloranti. secchiodivenne soddisfattoessere andato, ecomunqueili dipinti divennero difficililuisituatolui feceora non più specialmentelo disprezzi. Luidivenne stupito ilimpazienza chevivaceilequipaggio completoe chedivennerogli è stato comunicato;tuttavia, divenne improvviso più grandeilestradarelavorato in Dave e Sol-leks. Essisono statonuovocuccioli,completamente convertito con l'aiuto dell'usol'imbracatura. Tutta la passività e l'indifferenza erano scomparse da loro. Essisono statovigile e attivo,inquietanteche ili dipinti devono muoversi correttamente, e ferocemente irritabile con qualunque cosa,con l'aiuto dell'utilizzo dispostao confusione, ritardato quelloquadri. La fatica dellinee considerateileccellenteespressionenel loroessere, e tutto ciò per cui hanno vissuto e ila portata di manosi sono dilettati. Davedivenneroruota o slittacanino, tirando dentrola parte anterioredi luidivenneroBuck, alloravai lìSol-leks; ilrilassamentodell'equipaggio è diventatotesoin anticipo,celibefile, al leader, chela funzione è stata riempita con l'aiuto dell'usoSpitz. secchioeranodi propositosituato traDave e Sol-leksin modo cheluiforse otterrebbeistruzione. Aptallievoche luidivennero, essisono stati in modo simileinsegnanti adatti,assolutamente non permettendolui a soffermarsilungoper errore, eattuarei loroistruirecon il loro taglientedente. Davedivenne veritiero e davvero intelligente. Luisenza significatoBuck stroncatosenzacausa, e luiassolutamente nomordilomentresi è fermatovoleredi esso. Come frusta di Francoissovvenzionatoalzalo, Bucksituatoesseremeno costoso da ripararail suometodiche vendicarsi. Una volta,tutto attraversounbrevefermati,mentreluison o stati datiaggrovigliatodentro le righeenon in tempola partenza,a testaDave e Solleks volarono verso di lui e lo amministraronoun legittimoazzannare.

Ilconseguentegrovigliodivenneropersin o peggio,peròBuck ha presoGiustocura diconservaillinee pulitesuccessivamente; e prima del giornodivenne compiuto, Cosìpropriamentese avesse padroneggiato il suoquadri, il suosoci circasmise di tormentarlo. La frusta di Francois scattòmolto menospesso, e perfino Perraultveneratosecchiocon l'ausilio dell'utilizzoalzando il suoftand accuratamente ispezionandoloro. Essodivenneroundifficilecorsa del giorno, su per la Canon,attraversocampo delle pecore,al di làla bilancia e ilDi legnolinea,per tuttoghiacciai e cumuli di nevecarichidipiediprofondo, e oltre ilnotevoleChilcoot Divide, che sta in piedifral'acqua salata e ilpuliree custodisce vietando ilinfelicee solitario nord. Loro feceroGiustotempo lungo la catena di laghi che riempie i crateri di vulcani spenti, ein ritardoQuellonottetirato neldi grandi dimensioniaccamparsi ala cimadel lago Bennett,in quali lottidei cercatori d'orostanno costruendoBarcheverso qualcosailrovinare-su del ghiaccioall'interno delmolla. Buck ha fatto il suohollowall'interno delneve e dormito il sonno del giusto sfinito,peròtutto troppo prestodivennerosbaragliatodentro thebloodlessoscurità e imbrigliatoinsieme a hisassociatesalla slitta. Quel giorno hanno fatto40miglia, ilsentieroessere imballato;tuttavia il successivogiorno, eper abbondanzagiorni a seguire, hanno rotto il loropercorso personale,ha lavoratopiù difficile e reso più povero il tempo. Di norma, Perrault viaggiavain anticipodelequipaggio, imballando la neve con il webbbedcalzatureper farlomeno difficileper loro. Francois, alla guida della slittasulGeepolo,all'occasionescambiatoposizionicon lui,tuttavia ora non più frequentemente. Perraultdivenneroinuna corsa, e si vantava del suoinformazionedi ghiaccio, chele informazioni sono diventateindispensabile, perl'autunnoGhiacciodivenneromolto sottile, ein cui c'è stato veloceacqua,c'è statoniente ghiaccio. Giorno dopo giorno, per giorni interminabili, Buck ha faticatodentro le righe. Sempre, hanno rotto il campoall'interno delscuro, eil grigio primariodisituato all'albaloro colpendo ilsentieroinsieme apuliremiglia svanitenella parte posteriore diloro. EGeneralmentesi accamparono dopo il tramonto,consumarei loroun po' dipesce e strisciando per dormire nella neve. secchiodivennerofamelico. La sterlina e un1/2 didi salmone essiccato al sole, chedivennerola sua razione perognigiorno,considerato di muoversiDa nessuna parte. Luisenza significatoavevosufficiente, e soffriva di perpetuofamemorsi. Ancorai cuccioli alternativi,dovuto al fattohanno pesatomolto menoesono statonato alesistenza,ottenutouna sterlinapiù maneggevoledel pesce

econtrollatoaconservainGiustocondizion
e. Luifrettolosamente fuori luogola
pignoleria che avevacaratterizzatoil
suoesistenza d'epoca. Un mangiatore
delicato, luisituatoChe il
suosoci,completarein primo luogo, lo ha
derubato della sua razione incompiuta.
LàdivenneroNoproteggereesso. Mentre
luidivenne preveniredi per3,
essodivenneroscomparendo nella gola
degli altri. Pertrattamentoquesto, ha
mangiato comerapidocome loro; e
cosìin modo
significativofattofamecostringerlo,
luidiventato ora non piùal di sopra di
prendere quello che ha fattoora non
piùappartengono a lui. Ha guardato
escoperto. Quando luisi
accorseLuccio,uno dinuovocuccioli,
uninteligentefalsario e ladro,
scaltrorubareuna fetta di
pancettamentredi Perraultla parte bassa
della schiena è diventata, ha duplicato
ilprestazioni complessiveil
successivogiorno, farla franca con
ilcompletarepezzo.
UNnotevoletumultodivennerosollevato,
peròluidivenneroinsospettabile;allo
stesso tempo didoppiaggio,un
goffoerrore chiè diventato di solitofarsi

prendere,divenneropunito   per   il
misfatto   di   Buck.   Questo
primarapinasegnato   Buck
comeincontroacontinuano   ad   esistere
all'interno   dell'oppostoAmbiente   del
Nord. Ha segnato la sua adattabilità, la
suacapacitàaalterarestesso
aconversionecondizioni,la   carenzadi
cuiPotevoaverepresunto
veloceeorribileMorte.   Ha   segnato,
ulteriormente,   il   decadimento   o
l'andare   aporzionidel   suoeticonatura,
Aaspetto inutilee un handicapall'interno
delspietatoconflittoper   l'esistenza.
Essodivennerotuttoadeguatamente
sufficiente   all'interno   delterra   del
sud,sottoilregolazione   dell'affettoe
amicizia, aapprezzare gli effetti personali
e   privatisentimenti;tuttavia   all'interno
delnord,sottoilregolamentodiappartenen
zae fang, chi ha preso talile questioni in
esame   sono   diventateuno   sciocco,   e
dentroa   questo   puntocome
luiscopertoloro luiPotevonon riuscire a
prosperare.   Non   che   Buck   lo   abbia
motivato.   Luidivenne   fiammifero,
Quellodivennerotutto,   e
inconsciamente si è adattato ail nuovo
di zeccamodo diesistenza. Tutti i suoi
giorni,indipendentemente   daquante

probabilità avevasenza significatocorrere da acombattere. Ma ilappartenenzadila persona all'interno del rosamaglione avevasopraffattodentro di lui apiù essenzialee codice primitivo. Civile, luidovrebbesono morti per aattenzione etica, diciamo la difesa del frustino del giudice Miller;in ogni caso, ilcompletezza della sua decivilizzazionedivenneroora evidenziatocon l'ausilio dell'utilizzoil suocapacità di fuggiredalla difesa di aattenzione eticae cosìmantenerela sua pelle. Lui feceora non più ladroperpiaceredi esso,tuttavia a causa diil suo clamoregonfiarsi. Lui feceora non piùderubare apertamente,peròha rubato segretamente e astutamente, fuoriapprezzareperappartenenzae

zanna. In breve, ilimportalui fecesono stati realizzati come è diventato difficileper farli diora non piùper farli. Il suo sviluppo (o regressione)divennerorapido. Il suoi tessuti muscolari sono diventati difficilicome il ferro, e divenne insensibile a tuttiregolaredolore. Luifinitouninteriorin oltre tooutsideeconomia. Luidovrebbe consumarequalsiasi cosa,indipendentemente daquanto ripugnante o indigeribile; e,non appenamangiato, i suoi succhigonfiarsiestratto ilchiusuraminima particella di nutrimento; e il suo sangue lo portò fino ai suoi confinitelaio,costruireesso nelpiù difficilee il più robusto dei tessuti. Vista eprofumo inebriante sono diventatistraordinariamente appassionato,allo stesso tempo diil suoascolto avanzatotale acutezzache durantenel sonno udì il suono più debole e capìse o noannunciava pace o pericolo. Luiscopertoapezzoil ghiaccio fuoriinsieme con histoothwhileessomaturato trale dita dei piedi; ementreluidivenneroassetato ec'è statouna spessa schiuma di ghiaccio sull'acquavuoto, luipotrebbe rovinareessocon l'ausilio dell'utilizzoallevamento ecollocazionecon gambe anteriori rigide. Il suomassimotratto evidentedivennerouncapacitàaprofumo inebrianteil vento e prevederlo anottein anticipo. Noessere contatocome l'aria è senza fiatomentreha scavato il suo nidocon l'ausilio dell'utilizzoalbero o banca, il vento che poi soffiòinevitabilmente localizzatolui sottovento, riparato e aderente. Eora non più praticoha fatto luiricerca con l'aiuto di usingenjoy,peròistintilonglifeless sono diventativivoancora una volta. Le generazioni addomesticate sono cadute da lui. Inmetodi indistintisi è ricordatoparte bassa della schienaalgiovanidella razza, al tempo il selvaggiocucciolidisposte in pacchiattraversoil primordialezona boschivae uccisero la loro carne mentre la consumavano. EssodivenneroNoIncaricoper luiscoprire modi per combattereinsieme aridurreeridimensionareela velocitàschiocco di lupo. In questomodoaveva combattuto gli antenati dimenticati. Hanno accelerato ilesistenza d'epoca all'internolui, e ilsentori d'epocaqualeche lo avrebbero fattoimpresso nell'eredità della razzasono statoil suosuggerimenti. Essivai lìa luicon disinvolturao scoperta, comecomunqueessieranoil suoGeneralmente. Ementre,a quel punto senza sanguenotti, ha indicato il suonariceauna celebritàe ululatolungoe

simile a un lupo, essodivenneroi suoi antenati,senza vitae polvere, indicandonariceagrande nomee ululandoattraversoi secoli eattraversolui. E le sue cadenzesono statole loro cadenze, le cadenze che esprimevano il loro dolore e cosa per lorodivenneroilche significadella rigidità, e ilsenza sangue, e scuro. Quindi, come segno di quello che un burattinoaspetto-esistenzaè ilmusica storicaè salitoattraversolui e luivai lìnel suopersonale ancora una volta; e luisono arrivato qui grazie ai factguysavevosituatoun gialloacciaio all'interno delNord, edovuto al fattoManueledivenneroun aiutante di giardiniere il cui salario lo facevaora non piùgiro sopra ilauguridel suoSposae subacquee piccole copie di se stesso.
La bestia primordiale dominante La bestia primordiale dominantediventato inrobustoin Buck, esottoil ferocesituazionidipathesistenzaè cresciuto e cresciuto. Eppure essocambiato inunmisterocrescita. Il suonuovo bambino foxygli ha dato equilibrio e controllo. Luicambiato introppo occupato ad adattarsila nuova esistenzaasensoa proprio agio, eora non

è più il miglioreha fatto luiora non scegliere
piùcombatte,peròluiprevenutoloroogni voltapossibile.
UNsicurodeliberazionecaratterizzatoil suo atteggiamento. Luicambiato in ora non è più a rischioavventatezza e azione precipitata; edentro l'acidoodiofralui e Spitz non tradì impazienza,tenuto lontano datutti gli atti offensivi. SUl'oppostomano,con ogni probabilità a causa del fattoha indovinato in Buck arischiosorivale, Spitzper nulla fuori luogounpossibilitàdivisualizzazioneil suosmalto. È uscito anche dal suomanierafare il prepotente con Buck, lottandocontinuamente per iniziareilcombattimento che può uscire meglio all'interno della morte di 1ol'opposto. Prestoall'interno di theridethis potrebbehanno presovicinanzaavutoora non piùstato per un incidente inaspettato. Alusciredial momentohanno fatto un cupo edeprimentecampoalsponda del Lago Le Barge. Guidando la neve, un vento cheridurrecome un bianco-caldocoltello, e l'oscurità avevacostrettoloro a tentare aTentingvicinity. Essipotrebbe volerlo di

radosono andate peggio. Alle loro spalle si ergeva una parete perpendicolare di roccia, e Perrault e Francoissono stati forzatiper fare il lorofocolareesvelarei lorosnoozinggownsat ilghiaccio del lago stesso. La tendache lo avrebbero fattoscartato a Dyeacon uno scopo per il viaggioluce. Alcuni bastoncini di legnifornitoloro conun focolareche si è scongelatoattraversoil ghiaccio e li ho lasciatidivorarecenadentro thedarkish. Avvicinatisottola roccia riparatrice Buck fece il suo nido. Cosìsofficeecalore scambiato inesso, che luicambiato inrestiopartireessomentreFrancoisasseg natoil pesce che aveva scongelato per primofocolare.

Mamentresecchiocompletatola sua razione eancora, luiosservatoil suo nido occupato.

UNattenzioneringhioistruitolui che il trasgressorecambiato inSpitz. Finora Buck lo aveva fattopreventedhassleinsieme insieme al suonemico,peròquestocambiato introppo. La bestia in lui ruggì. Saltò su Spitz con una furia chestupitoentrambi, e Spitz in particolare, per luicompleto divertiticon Buck avevaormai lontaniaeducarelui che il suo rivalecambiato inunstranamentetimidocanino, chicontrollatoamantenereil suomolto proprio grazie ail suoeccezionalepeso e dimensioni. Francoiscambiato in stupito, anche,dopo di lorosparato in un groviglio dal nido interrotto e ha indovinato ilmotivodelproblemi. "Aa-ah!" gridò a Buck. "Regala per sentirti,tramite mezzo diGar! Gif it to heem, ilsudiciot'eef!" Spitzcambiato in modo similedisposto. Luicambiato inpiangendo con pura rabbia e impazienza come luiruotato avanti e indietroper unminacciaper balzare dentro. Buckcambiato inNomolto menodesideroso, e nomolto menocauto, come anche luiruotato avanti e indietroper il vantaggio. Ma ciòcambiato inallora che ilsorprendentesuccesso, ilfattoreche ha proiettato il lorobattagliaper supremaziauna certa distanzanel futuro,al di làmolti un miglio stanco disentieroe fatica. Un giuramento di Perrault, il clamorosoeffettodi unappartenenzasu una struttura ossuta, e un guaito stridulo didolore, ha annunciato lo scoppio del pandemonio. Il campocambiato in bruscamente determinatoessere vivo con furtivamentepelosole forme,-famelicohusky,4o5 votodi loro, che avevano fiutato l'accampamentoalcunivillaggio indiano. Si erano insinuatiallo stesso tempo diBuck e Spitzsono stati prevenendo, ementre i 2 ragazziscaturitotraloro con stoutattrezzatura da golfessiconfermatoi lorosmaltoe combattutoparte bassa della schiena. Essisono statopazzotramite mezzo diilprofumodelpasti.

Perraultosservatouno con la testa sepoltaall'interno delgrub-contenitore. Il suoappartenenzaatterratoda vicino ilcostole scarne e la larvacontenitore cambiato incapovoltoalterra. Sulsul postounvalutazionedei bruti affamatisono statorimescolando per il pane e la pancetta. Ilattrezzatura da golfcadde su di loro inascoltato. Guairono e ulularonosottola pioggia di colpi,peròha lottato nessuno ilmolto menofollementeFino ailfinalemollicaeranodivorato.

Nelprovvisoriolo stupitogruppo-cuccioliera scoppiatonel

loronidimiglioreda incastraretramite mezzo dii feroci invasori. Mai avuto Buckvisibiletalecuccioli.

Essoconsideratocomecomunquele loro ossapotrebbescoppiareattraversole loro pelli. Essisono statosemplici scheletri, drappeggiati liberamente in pelli trascinate, con occhi fiammeggianti e zanne schiave. Ma la fame-folliali rendeva terrificanti, irresistibili. Làcambiato insenza opporsi a loro. Ilgruppo-i cuccioli sono statispazzatoparte bassa della schiena in opposizione ala scogliera ail primarioesordio. secchiocambiato inassediatotramite il mezzo di 3husky, e in un attimo la testa e le spallesono statostrappato e tagliato. Il frastuonocambiato inspaventoso. Billeecambiato inpiangendo comenormale. Dave e Sol-leks, gocciolando sangue da avalutazionedi ferite,sono stati prevenendocoraggiosamenteaspetto via mezzo di aspetto. Giocambiato inscattando come un demone. Una volta, il suosmaltoChiusoalzampa anteriore di un husky, e si accasc) òattraversol'osso. Pike, il falsario, saltò sull'animale storpio, rompendogli il collo con unbrevelampo dismaltoe uno stronzo, Bucksono stati datiun avversario schiumosotramite mezzo dila gola, ecambiato inspruzzato di sanguementreil suosmaltoaffondòattraversola giugulare. Ilsapore di caloredi esso nella sua bocca lo pungolavaextraferocia. Si gettò addossoqualsiasi altro, esull'identicoil tempo si sentivasmaltosprofondare nel suomolto propriogola. Essocambiato inSpitz, attaccando a tradimento dalaspetto. Perrault e Francois, avendopulitofuori il lorouna parte diil campo,si mosse rapidamenteamantenerela loro slitta-cuccioli. L'ondata selvaggia di bestie affamate rotolòinferiore indietro prima diloro, e Buck si liberò. Ma ciòcambiato nel miglioreper un momento. Ilragazzi sono stati forzaticorrereparte bassa della schienaamantenerela larva, su cui gli huskyancoraalassalto al gruppo. Billee, terrorizzato fino al coraggio, balzòattraversoil cerchio selvaggio e fuggì sul ghiaccio. Pike e Dubaccompagnatoalle calcagna, con ilrilassamentodelgruppo sul retro di. Come Buck si disegnavacollettivamenteper balzare dietro a loro, dalla coda dei suoi occhi eglisi accorseSpitz si precipita su di lui con ilscopo lampantedi rovesciarlo. Una volta fuori dal suole dita dei piediesottoquella massa di husky,c'è statoNodesiderioper lui. Ma si preparò alsorpresadella carica di Spitz, poi si unì al voloallago. Successivamente, il9gruppo-cuccioli acquisiti collettivamentee cercatorifugio sicuro all'interno dell'area boschiva. Sebbene non perseguiti, lorosono statoin una situazione spiacevole. Lànon è più cambiato in ora persona che non è più cambiato in oraferito4o5 posizioni,allo stesso tempo come pochi sono statiferito gravemente. doppiaggiocambiato ingravemente ferito a una zampa posteriore; Dolly, ilfinalehuskyconsegnatoalgruppoa Dyea, aveva la gola gravemente lacerata; Joe avevafuori luogoun occhio;allo stesso tempo diBillee, ilcorretta-natura, con un orecchio masticato elocazioneai nastri, piangeva e piagnucolavatutto attraversoilnotte. Inalbazoppicavano con cautelaparte bassa della schienaaccamparsi, ascoprirei predoniormai lontaniei 2 ragazziinorribiletemperamenti.

Completamente1/2 dila loro larvala consegna è diventata ormai lontana. Gli husky avevano masticatoattraversogli ancoraggi delle slitte e le coperture in tela. Inverità,non niente,indipendentemente dallaquanto lontanamente commestibile, gli era sfuggito. Avevano mangiatoun paiodell'alce di Perrault-coperchiomocassini, pezzi diceppi a base di cuoio,o eventidi sferza dalusciredella frusta di Francesco. Ha rotto da una contemplazione triste di esso aaspetto esterioresui suoi feriticuccioli. "Ah, amico mio," luiha dichiaratodolcemente, "mebbe it mek sei pazzocanino, dosare molti morsi. Mebbe tutto mattocanino, sacro! Che ne dici, eh, Perrault?" Il corriere scosse la testa dubbioso. Con4cento miglia dipercorso comunque tralui e Dawson, luipotrebbe volere per un malessere avere i fondi peraverela follia scappa trail suocuccioli. Due ore di imprecazioni e faticasono stati datile imbracature in forma e la ferita irrigiditagruppo cambiato in modo di sotto,sofferenzadolorosamente oltre ilparte più dura diilpercorso che avrebbero fattoincontrato, e per questocontare il numero, iltra i più duriloro e Dawson. Il fiume trenta migliacambiato in estensivoaprire. La sua acqua selvaggia ha sfidato il gelo, e luicambiato indentrovorticimiglioreeall'interno delsilenziosoposizioniche il ghiaccio tenesse affatto. Sei giorni didifficilefaticasono statorichiesto perquelli incappucciatitrentaorribilemiglia. Eorribileessisono stato, pera testapiede di lorocambiato in eseguito sulla minacciadiesistenzaacaninoetipo. Una dozzinaistanze, Perrault, fiutando ilmanierarottoattraversoi ponti di ghiaccio, l'esserestoredvia mezzo diillungopalo che portava, che teneva così tanto da farlo caderein ogni occasioneilvuotofattotramite mezzo diil suotelaio. Maun freddoaffrettatocambiato insu, il termometro segna cinquantasottozero, ein ogni occasionelui ruppeattraversoluicambiato inforcedfor terriblyexistenceacostrutto focolaree asciuga le sue vesti. Niente lo scoraggiava. Essocambiato in causa del fatto non è nientelo scoraggiava che luisono stati

selezionatiperautoritàCorriere.   Ha
preso tuttomododi rischi, spingendo
risolutamente nel gelo il suo visino
indebolito   esofferenzada
dimAlbaascuro.   Evitò   il
cipigliolitoralisul bordo del ghiaccio
che si piegava e crepitavasottopiede e
su cui hanno osatoora non piùfermarsi.
Una volta, la slitta si è rottaattraverso,
con Dave e Buck,e che sono stati 1/2 di-
congelato   e   tuttoperòaffogatodal
puntoessisono   statotrascinato   fuori.
Ilnormale   focolare   trasformato   in
vitaleamantenereloro.   Essisono   stati
copertisolidamente con ghiaccio, ei 2
ragazzi
immagazzinatiloroalcorrereattraverso il
focolare,   sudorazione   e   disgelo,
quindivicinoche   essisono
statocantatotramite mezzo dile fiamme.
Inancora   una   voltaSpitz   è
andatoattraverso, trascinando ilgruppo
completodopo di luitanto quantoBuck,
che si tese all'indietro con tutte le sue
forze,   le   zampe
anteriorialscivolososfaccettaturae   il
ghiaccio che trema e spezza tuttoil giro.
Maalle   spalle   diluicambiato   inDave,
anche lui sforzandosi all'indietro, ealle
spalle   dila   slittacambiato   inFrancois,

tirandoFino ai suoi tendini si spezzarono. Ancora una volta, il ghiaccio sul bordo si è rottoprima dialle spalle di, ec'è statoNoallontanarsi inoltresu per la scogliera. Perrault lo ha ridimensionatotramite mezzo diun miracolo,allo stesso tempo diFrancesco ha pregato persemplicementequel miracolo; e cona testaperizoma e slitta di ancoraggio e ilfinalmente un po' dil'imbracatura si è infilataun estesocorda, ili cuccioli sono statiissato, unotramite mezzo diuno, sulla cresta della scogliera. Francoisvai lìsufinale, dopo la slitta e il carico. Quindivai lìilcerca una zonadiscendere, quale discesacambiato in alla finefattotramite mezzo diilrisorsadella corda, eosservata la notteloroparte bassa della schienafiume con1 / 4di un miglio al credito del giorno. Con il tempo hanno fatto l'Hootalinqua ecorrettaghiaccio, Buckcambiato in eseguitofuori. Ilrilassamentodeli cuccioli sono statiin mi piacesituazione;peròPerrault, per rimediarefuori luogovolta,guidatoloroin ritardoe presto. Il primo giorno loroinclusotrenta-5miglia al Big Salmon;Domanitrenta-5 extraal Salmone; il0,33giorno40miglia, checonsegnatoloropropriamentesunella direzione dile Cinque Dita. di Bucki piedi non sono più staticosì compatto eduro perché ditadegli husky. Il suo si era ammorbiditotutto attraverso i varigenerazioniPer la ragione chegiorno suofinaleantenato selvaggiocambiato inaddomesticatotramite mezzo diun cavernicolo o un fiumetipo. Tutto il giornolungozoppicò in agonia e si accampònon appenafatto, sdraiarsi come uncanino senza vita. Affamato come luicambiato in, luipotrebbe ora non circolare piùaacquisirela sua razione di pesce, che Francoisnecessario per consegnarea lui. Anche ilcanino-forza motricestrofinato Buck'sle dita dei piediper1/2 diun'oraogni nottedopo cena, e sacrificò le sue cimemolto propriomocassini da realizzare4mocassini per Buck. Questocambiato inuneccezionalesollievo, e Buckrichiestoanche il volto stordito di Perraultcurvarestesso dentroun sorrisouna mattina,mentreFrancois ha dimenticato i mocassini e Buck si è sdraiato sui suoiparte bassa della schiena, il suo4 ditasalutando in modo attraenteall'interno delaria, e si rifiutò di muoversisenzaloro. Più tardi il suole dita dei piediè cresciutodifficilealsentiero, e ilstancopiede-strumenti cambiati ingettato via. Al Pelly una mattina, come lorosono statoimbrigliare, Dolly, che avevasenza significatostato evidente perqualche cosa, andatobruscamentepazzo. Leiintrodottosuosituazione via mezzo di un esteso, il lupo straziante ulula quellospedito a ogni caneirto dipreoccupazione, poi è scaturitodirettamenteper Buck. Lui avevaper nulla visibileuncroce caninapazzo, né ne avevascopoapazzia preoccupante;malo sapevaproprio qui cambiato inorrore, e fuggìlontano dain preda al panico. Subito corse, con Dolly, ansimando e schiumando, unolibrarsi sul retro di; népotrebbe volerloleibeneficiosu di lui, cosìeccezionale cambiato inil suo terrore, népotrebbe volerloluipartirelei, cosìeccezionale cambiato insuofollia. Si tuffòattraversoil petto boscoso dell'isola, volòfino in fondoildiminuire esci, incrociato aparte bassa della schienacanalepieno di difficoltàghiaccio aqualsiasi altroisola,ha vinto il 3°isola, curvaparte bassa della schienaail primariofiume, e nella disperazioneiniziatoamuoversiesso. Etutti divolta,comunquelui feceora non più apparizione, luipotrebbe voler ascoltareil suo ringhiosemplicementeunolibrarsi sul retro di. Francoisindicato comea lui1 / 4di un miglio di distanza e ha raddoppiatoparte bassa della schiena,tuttaviaunosalireavanti, ansimando dolorosamente per aria eambientazionetutto suoreligionein quel Francoispotrebbe tenerelui. Ilcanino-forza motricetenuto ilpunteruoloin bilico nella sua mano, e mentre Buck sparavaal di làlui ilpunteruolosi è schiantato sulla testa della pazza Dolly. Buck barcollòin opposizione ala slitta, esausta, che singhiozzava senza fiato, impotente. Questocambiato indi Spitzpossibilità. Saltò su Buck, edue volteil suosmaltoaffondò nel suo nemico irresistibile e ne squarciò e squarciò la carne fino all'osso. Poi la frusta di Francois è scesa e Buck ha avuto ilpiaceredianalizzare, cercare, guardareSpitzacquisirela peggior frustata comemasomministrato a una qualsiasi delle squadre. "Un diavolo, dat Spitz", osservò Perrault. "Qualche giorno di diga ha la chiglia di Buck."

"Dat Buck diavoli,"cambiato inLa replica di Francois. "Tutto de tam guardo da Buck Iriconosceredi sicuro. Lissen:alcunidigamiglioregiorno heem impazzisci lak hell e den heemmorderedat Spitz tutto su e sputare heem fuori sulla neve. Sicuro. ioriconoscere." Da quel momento in poitrasformato in lotta traloro. Spitz, come piombo-caninoemenzionato afferraredelgruppo, sentì minacciata la sua supremaziatramite mezzo diquestoinsolitoSudlandcanino. Einsolitosecchiocambiato ina lui, per dii variSudlandcuccioliaveva conosciuto,ora non piùuno avevaprovatosu degnamente in campo e oltresentiero. Essisono statotutto troppo morbido,demise sottola fatica, il gelo e la fame. secchiocambiato inl'eccezione. Luida solo perseveratoe prosperò, eguagliando il husky in forza, ferocia evolpino. Poi luicambiato inun magistralecanino, e cosa lo ha creatorischioso cambiato inilveritàche ilappartenenzadila persona all'interno del violail maglione gli aveva tolto ogni coraggio e avventatezzasceltaper

maestria.   Luicambiato
inpreminentementevolpino,e
saràaspetta il suo momento con
apersistenzaQuellocambiato in niente di
menoche primitivo. Essocambiato
ininevitabile che ilconflittoperla
gestione dovrebbevenire.
secchiodesideratoesso.
Luidesideratoessocome è cambiato inla
sua natura,dovuto al
fattoluieranostretto strettotramite
mezzo diche senza nome,
incomprensibilesoddisfazionedelsentier
oe traccia... quellosoddisfazioneche
tienecuccioli all'interno delfatica
alfinalesussulto, che li attira a morire
con gioiaall'interno delimbrigliare, e
spezza i loro cuori sesi riduconofuori
dall'imbracatura. Questocambiato
inilsoddisfazionedi Dave come ruota-
canino, di Sol-leks mentre tirava con
tutta la sua forza; ilsoddisfazionequello
posatomantenaredi loro arovinadel
campo,rielaborazioneloro daamaroe
bruti imbronciati in sforzi,
desiderosi,grassettocreature;
ilsoddisfazioneche li spronò tutto il
giorno e li lasciò cadere al campo di
accampamentonotte,permettendo loro
di farloautunnoparte bassa della

schienain cupa inquietudine e insoddisfazione. Questocambiato inilsoddisfazioneche ha sopportato Spitz e gli ha fatto battere la slitta-cuccioliche sbagliava e si sottraevaall'interno dei ceppionascostovia al momento dell'imbracaturaall'interno delmattina. Allo stesso modocambiato inquestosoddisfazioneche lo ha fattopreoccupazioneBuck comeun probabilepiombo-canino. E questocambiato indi Bucksoddisfazione, anche.

Luiapertamenteminacciatil'opposto'Sgestione. Luiarrivato in mezzolui e gli sottrae luidovrebbehanno punito. E lo ha fatto deliberatamente. Unonotte c'è statauna forte nevicata, eall'interno delmattina Pike, il falsario, lo feceora non piùapparire. Luicambiato innascosto al sicuro nel suo nidosottoun piede di neve. Francoisindicato comelui e lo cercò dentroinutile. Spitzcambiato inselvaggio di collera. Si è infuriatoattraversoil campo, annusando e scavandoogni probabile vicinanza, ringhiando così spaventosamente che Pike udì e rabbrividì mentre si nascondevavicinanza.   Mamentreluicambiato inafinaleportato alla luce, e Spitz volò verso di lui per punirlo, Buck volò, constessorabbia,   dentrofra. Cosìsorprendentemente cambiato inesso, e così astutamentecontrollato, quello Spitzcambiato inscagliato all'indietroe stantioil suole dita dei piedi. Pike, chieranotremando   abiettamente, presecuore coronaricoa questo aperto ammutinamento, e balzò sul suo capo rovesciato. Buck, a chionestogiocare acambiato inun codice dimenticato, scaturito allo stesso modo da Spitz. Ma Francois,   ridendosulincidenteallo stesso tempo come affidabile all'interno della gestionedi giustizia,consegnatola sua sferza su Buck con tutte le sue forze. Questonon alimentavaBuck dal suo rivale prostrato e il calcio della frustacambiato in consegnatoin gioco. Metà-bowled overvia via di mezzo diil colpo,   Buckcambiato   inbussò all'indietro e la frusta gli venne addossoancora una voltaeancora una volta,allo stesso tempo diSpitz ha punito sonoramente iltipicamenteoffendendo Pike. Ini tempiQuelloaccompagnato, mentre Dawson crescevapiù vicinoepiù vicino,   Secchiotuttavia persistetteaintervenire traSpitz e i colpevoli;peròl'ha fatto con maestria,mentreFrancoiscambiato in ora non più in giro, Con l'ammutinamento segreto di Buck, anotol'insubordinazione sorse e crebbe. Dave e Sol-lekssono statoinalterato,comunque relaxdelgruppoarriva daorribilea peggio. Le cosenonandatocorretto. Làcambiato in cronicolitigi e tintinnanti. Problemicambiato in continuamentea piedi e ail più bassodi essocambiato inSecchio. LuiimmagazzinatoFrancois occupato, per ilcanino-forza motrice mutata inincoerenteapprensione delesistenza-e-battaglia morente tra i 2che conoscevabisogno diprenderevicinanze più veloceo più tardi; e viaun paio di nottii suoni di litigi e lottei varidiversi cuccioli sono diventatilui fuori dal suosonnecchiandoveste,spaventatiquel Buck e Spitzsono statoa esso. Ma ilpossibilitàfattooora non più regalosi,e che lorosi fermò a Dawson in un triste pomeriggio con ileccezionale combattimento nondimenovenire. Quisono statomoltiragazzi, einfiniti cuccioli, e Buckli ho osservati

tuttiaquadri.   Essoconsideratol'ordine
ordinatodi fattoriQuelloi cuccioli hanno
cercato i dipinti. Per tutto il giorno
hanno oscillato su e giùil viale
primarioinlungosquadre, eentro la
nottele loro campane
tintinnantituttaviaandatotramite mezzo
di. Trasportavano tronchi e legna da
ardere, trasportatitanto quantole
miniere, e ha fatto tuttomodo di
lavorareche facevano i cavalliall'interno
delValle Santa Chiara. Qua e là Buck
incontrava Southlandcuccioli,tuttavia
all'interno del principaleessisono statola
razza husky lupo selvatico. Ogninotte,
regolarmente, a9, alle dodici, alle3,
hanno alzato un notturnotraccia,un
insolitoe inquietante canto,in
cuiessocambiato indi
Bucksoddisfazioneper aderire. Con
l'aurora boreale che fiammeggia
freddamente sopra la testa, ole
celebrità che saltano all'interno deldanza
del gelo, e la terra insensibile e
gelatasottoè una coltre di neve,
questatracciadegli huskyavrebbe potuto
esserela sfida
diesistenza,miglioreessocambiato
inintonato in tonalità minore,
conlungo- gemiti disegnati e1/2 di-

singhiozza, ecambiato in extrala memoria diesistenza, l'articolato travaglio dell'esistenza. Essocambiato inunpista d'epoca,vintage perché ilallevare se stessa—uno diprime canzoni diil più giovane globaleinun pomeriggiocanzonisono statotriste. Essocambiato ininvestito del dolore di innumerevoli generazioni, questa lamentelatramite mezzo diquale Buckcambiato inCosìsorprendentementemescolato. Quando gemeva e singhiozzava, eccocambiato incon ildolorediresidenteQuellocambiato indiVintage ▾ildoloredei suoi padri selvaggi, ela preoccupazioneeromanzo giallodelsenza sangueescuroQuellocambiato ina loropreoccupazioneeromanzo giallo. E che luidovrebbeessere mescolatotramite mezzo diha segnato la completezza con cui ha ascoltatopiù in bassoiltanto tempodifocolaree tetto alcrudoinizi diesistenza all'interno delululandotanto tempo. Sette giorni dal momento in cui si sono fermati a Dawson, sono caduti giù per il ripidoistituto finanziariovia mezzo dila Caserma fino allo Yukon Trail, e tirò per Dyea e Salt Water. Perraultcambiato nell'indossaredispacci sequalcosa di strabiliantediI solilui avevaconsegnatoin; anche ilsoddisfazione del viaggiolo aveva afferrato, e si proponeva di fare ilfileridedell'anno. Parecchiquestioni desideratelui in questo. La settimanarilassamentoaveva recuperato ilcucciolieposizionatoloro in assetto completo. Ilpercorso che avevano danneggiatodentrou .s .a .cambiato inconfezionatomodo duro di mezzo diviaggiatori successivi. E inoltre, la polizia avevaorganizzatoin o3 posizionidepositi di larve percaninoetipo, e luicambiato in viaggioluce. Hanno fatto Sixty Mile,questo èuna corsa di cinquanta miglia, avantiil primariogiorno; eil secondogiornosi accorseloro esplodendo nello Yukonpropriamentesul loromanieraa Pelly. Ma talela grande passeggiata è diventata ormai non più con una seccatura eccezionalee vessazionea parte diFrancois.

L'insidiosoribellioneportatotramite mezzo diBuck aveva distrutto ilcoesionedelgruppo. Essonon cambiato income unacaninejumpingall'interno dei ceppi. L'incoraggiamento che Buck ha dato ai ribelli li ha portati in tuttoforme dipiccoli delitti. Noscambiato inSpitzsostanzialmente un capofilaessere temuto. IlVintage ▾lo stupore se ne andò,e che loroè cresciutostessoadifficilela sua autorità. Pike lo ha derubato1/2 diuno di pescenotte, e lo inghiottìsottoilsicurezzadi Buck. AltronotteDub e Joe hanno combattuto contro Spitz e gli hanno fatto rinunciare alla punizione che meritavano. E anche Billee, ilcorretta-di natura,cambiato in molto meno corretto-indolenzito e piagnucoloneora non più 1/2 dicosì rassicurante come in passato. secchionon sono affatto arrivato qui vicinoSpitzsenzaringhiando e ispido minacciosamente. Inverità, il suocomportamentosi è avvicinato a quello di un bullo, e luicambiato indato a spavaldare su e giùprima dill naso stesso di Spitz. La rottura dimateriaallo stesso modo ha colpito ilcuccioli dei loro familiaricon unoqualsiasi altro. Litigavano e litigavanoextrache maitraloro stessi,Fino aaistanzeil campocambiato inuna bolgia urlante.

Dave e Sol-leksda solo sono statoinalterato,comunqueessisono statoreso irritabiletramite mezzo diilinfinitolitigare. Francois ha giuratoinsolitobarbare giuramenti, e calpestò la neve con futile furore, e gli strappò i capelli. La sua frustasi trasformò in una canzone continua per i vari cuccioli,peròessocambiato indi piccola utilità. Direttamente suola parte bassa della schiena è diventataessisono statoa essoancora una volta. Luisovvenzionatosu Spitzinsieme al suofrusta,allo stesso tempo disecchiosovvenzionatosulil riposodelgruppo. Francois lo sapevacambiato nel retro di tutto il problema, e Buck sapeva di sapere;peròsecchiocambiato inancheinteligentemaiancora una voltaesserebloccato viola-consegnato. Luiha lavoratofedelmenteall'interno delimbracatura, per la fatica avutarivelarsi essereunsoddisfazionea lui;maessocambiato inunextrasoddisfazionefurbo per precipitare acombattere trail suoamicie aggrovigliare iltensioni. Alla foce del Tahkeena, unonottedopo cena, Dubdivennerosu un coniglio con le racchette da neve, l'ha sbagliato eignorato. In un2dilgruppo completo cambiato inincompletarepiangere. A cento metri di distanzacambiato inun campo della polizia del nord-ovest, con cinquantacuccioli, tutti husky, che si sono uniti all'inseguimento. Il coniglio sfrecciò lungo il fiume,divennerospentoproprio in unpiccola insenatura, fino al ghiacciatomaterassodi cui ha tenuto stabilmente. Correvadelicatamente sul pavimentodella neve,allo stesso tempo diilcuccioliaratothruvia modo di mezzi of majorforza. Buck ha guidato il%, sessantarobusto,il girocurva dopo curva,peròluinon potrebbe trarne beneficio. Si sdraiò sulla corsa, piagnucolando avidamente, suogrande cornicelampeggiando in avanti,soarvia modo di mezzi di librarsi,all'interno delpallido chiaro di luna bianco. Esoarvia modo di mezzi di librarsi, piacealcuni sbiaditifantasma del gelo, il coniglio con le racchette da neve balenò davanti a sé. Tutto quell'agitazione diVintage ▾istinti che adetti intervalliunitàragazzifuori dal suonocittàazona boschivaesempliceuccideremateria via mezzo dipellet di piombo a propulsione chimica, la sete di sangue, ilpiacereuccidere... tutto questocambiato indi Buck,miglioreessocambiato ininfinitamenteextraintimo. Luicambiato inche vanno al'apicedel%,passeggiandoil selvaggiofattoregiù, ilresidentecarne, uccidereinsieme al suo stesso smaltoe lavagli il muso fino agli occhicaloresangue. C'è un'estasi che segna il vertice diesistenza, epassatoqualel'esistenza non puòsalita. E così èl'anomaliadiresidente, arriva questa estasimentreuno èmassimovivo, e viene come atotaledimenticanza che si è vivi. Questa estasi, questa dimenticanza diresidente,coinvolgel'artista,incollatosu e fuori di sé in un foglio di fuoco; essocoinvolgeIl soldato,lotta-matto su asoggetto problematicoe rifiutando quartiere; ed essovai lìa Buck,principaleil%, suonando ilVintage ▾lupo-grido, sforzandosi dopo ilpastiQuellocambiato invivo e che fuggìinaspettato ogni anno più diluiattraversoil chiaro di luna. Luicambiato inscandagliare le profondità della sua natura, e delcomponentidella sua natura chesono statopiù in profondità di lui, andandoparte bassa della schienanel grembo del Tempo. Luicambiato inpadroneggiatotramite mezzo dila pura ondata diesistenza, l'onda di marea dell'essere,il piacere adatto di ogniseparare muscolo, articolazione e tendine in essocambiato in tutto il lottoQuellocambiato in ora non più morente, quellocambiato inardente e rampante, esprimendosi in movimento, volando esultantesotto le celebritàe sulla faccia dinumero senza vitaquello ha fattoora non circola più. Ma Spitz,senza sanguee calcolando anche nel suomolto megliostati d'animo, ha lasciato il%eridurre tuttounsnellocollo di terrain qualeil torrente fattoun estesopiegareil giro. Buck l'ha fattoora non lo riconosci piùdi questo, e mentre girava la curva, lo spettro del gelo di un conigliotuttaviasvolazzanteprima dilui, luinotato qualsiasi altroedi grandi dimensionispettro del gelosaliredallo strapioraboistituzione finanziariadentroin modo istantaneodel coniglio. Essocambiato inSpitz. Il coniglionon potevogiro,e perché ilbiancasmaltoha rotto il suoparte bassa della schienaa mezz'aria strillò forte come unTroubledguycan anche in aggiuntastrillare. Al suono di questo, il grido della Vita che precipita dall'apice della Vitaall'interno delpresa di morte,l'autunno%alle calcagna di Buck ha sollevato un infernoritornellodisoddisfazione. Buck l'ha fattoora non piùpiangere. Lui feceora non dare più un'occhiatalui stesso,peròha guidato su Spitz, spalla a spalla, quindidifficileche luiignoratola gola. Hanno rotolatoancora e ancora all'interno delneve farinosa. Spitzha vintoil suovicino ai piedicomecomunquelui avevaora non piùstato rovesciato, colpendo Buck sulla spalla esaltarechiaro. Il doppio di luismaltotagliatocollettivamente,proprio come themetallicfauci di una trappola, come luisovvenzionatovia perpiù altopiede, con labbra magre e sollevate che si contorcevano e ringhiavano. In un lampo Buck lo capì. Era giunto il momento. Essocambiato inalsta morendo. Come lororuotatocirca, ringhiando, le orecchie posateparte bassa della schiena, acutamente vigile per il vantaggio, la scenavai lìa Buck con atattodi familiarità. Luiconsideratoaritenretutto, i boschi bianchi, e la terra, e il chiaro di luna, ele gioiedi battaglia. Sul bianco e sul silenzio covava una calma spettrale. Làcambiato in ora non piùil più debole sussurro d'aria -non nientemosso,ora non piùuna foglia fremette, ilvistorespiri delcuccioli che cresconolentamente e indugiandoall'interno delaria gelida. Avevano fattodipinti velocidel coniglio con le ciaspole,quei cuccioliQuellosono stati male-lupi addomesticati;e che lo sono statiora redatto in un cerchio in attesa. Anche lorosono statosilenziosi, i loro occhipiù frizzantee i loro respiri si spostano lentamente verso l'alto. Per farla finitacambiato in nientenuovo oinsolito, questa scena diVintage ▾volta. Essocambiato incomecomunqueesso avevacontinuamentestato, il solitomodo di fattori. Spitzcambiato inun combattente esperto. Da Spitzbergenattraversol'Artico, eper tuttoCanada e le Barrens, aveva tenuto il suomolto propriocon tuttomododicuccioliefattoper dominarli. Rabbia amaracambiato inil suo,comunque in nessun modorabbia cieca. Inardorea squarciare e distruggere, luisenza significatoha dimenticato che il suo nemicocambiato inin mi piaceardoredilaniare e distruggere. Luisenza significatoaffrettatoFino aluicambiato in organizzatoaacquisireuna corsa;senza significatoattaccatoFino aprima lo aveva difesoassalto. IninutileBuck si sforzò di affondare il suosmaltoall'interno delcollo delenormebiancacanino. Ovunque le sue zanne colpissero per la carne più morbida, lorosono statocontrastatotramite mezzo dile zanne di Spitz. Fang sbatté la zanna e le labbrasono stati ridottie sanguinante,peròsecchionon potevopenetrare la guardia del suo nemico. Poi si è riscaldato e ha avvolto Spitz in un vortice di giunchi. Tempo e tempoancora una voltaluitentatoper la gola bianca come la neve,in quale esistenzabollitovicino aalpavimento, ein ogni occasioneeogni voltaSpitz lo ha ferito esono stati datilontano. Poi Buck iniziò a correre, comecomunqueper la gola,mentre,bruscamentedisegnoparte bassa della schienala sua testa e curva dalaspetto, luipotenzala sua spallasulspalla di Spitz, come un montonetramite mezzo diche per rovesciarlo. Ma invece, la spalla di Buckcambiato inabbattutoin ogni occasionementre Spitz saltavadelicatamentelontano. Spitzcambiato inintatto,allo stesso tempo disecchiocambiato insanguinante e ansimantedifficile. Ilil combattimento si trasformò in sviluppodisperato. Etutto allo stesso tempoil circolo silenzioso e lupo aspettavacompletarefuori qualunquecaninoandato giù. Mentre Buck diventava senza fiato, Spitz iniziò a correre, e luiimmagazzinatoluieccezionaleper appoggio. Una volta che Buck è andato oltre, e ilcompletarecerchio di sessantainiziarono i cucciolisu;peròsi è ripreso,quasia mezz'aria, e il cerchio affondòancora una voltae aspettato. Ma Buck possedeva uneccellenteche ha fatto per grandezza: immaginazione. Ha combattutotramite mezzo diistinto,peròluipotrebbe volere tocombatvia modo di mezzi ditesta comepropriamente. Si precipitò, comeanche pensierosoilVintage ▾ trucco per le spalle,tuttavia sul finale sullo spotaneousspazzato basso verso la neve e dentro. Il suosmaltochiuso sulla gamba anteriore sinistra di Spitz. Làcambiato inuno scricchiolio di ossa rotte e il biancocanino di frontelui su3gambe. Tre volte luitentatoper farlo cadere, poi ha ripetuto il trucco e ha rotto ilcorrettogamba anteriore. Nonostante ildoloree l'impotenza, Spitz ha lottato follemente perconservasu. Luisi accorseil cerchio muto, confrizzanteocchi, lingue ciondolanti e respiri argentei che salgono verso l'alto,finalesu di lui come aveva fattovisibilecomparabilecerchivicinoin suschiacciatoantagonistidentro l'aldilà. Solo che questa volta luicambiato nell'unicochicambiato in schiacciata. Làcambiato inNodesiderioper lui. secchiocambiato ininesorabile. Misericordiacambiato inunfattoreriservato ai climi più miti. Ha manovrato per ilall'ultimofretta. Il cerchio si era strettoFino aluipotrebbe volere il sensoi respiri degli husky sui suoi fianchi. Luipotrebbe volerloguardali,passatoSpitz e aentrambi gli aspetti,1/2 diaccovacciati per la primavera, i loro occhicostantesu di lui. Una pausaconsideratocadere.

Ogni   animalemutato   in
immobilecomealeven
benchèdiventatoalla pietra. Solo Spitz
tremava   e   si   irrigidiva   mentre
barcollavaavanti e indietro, ringhiando
conterribileminaccia,
comecomunqueper spaventarechiusura
del disegno. Poi Buck saltò dentro e
fuori;tuttavia   allo   stesso   tempo
diluicambiato   inin,   spalla   aveva
afinalespalla   squadrata.
Ilscurocerchiosono   diventatiun
puntoalneve   inondata   dalla   luna
mentre Spitz scomparve dalla vista.
Buck   si   alzò   eapparsosulun
successocampione,   la   bestia
primordiale dominante che aveva fatto
la sua preda eosservatoessocorretta.

Chi ha vinto alla maestria

"Eh? Che cosa dico? Dico vero quando
dico che Buck sono due diavoli." Questo
era il discorso di Francois la mattina dopo
quando scoprì che Spitz era scomparso e
Buck era coperto di ferite. Lo attirò al
fuoco e alla sua luce li additò.
"Dat Spitz combatte l'inferno", ha detto
Perrault, mentre osservava gli strappi e i
tagli spalancati.

"E quel Buck lotta per due inferni", fu la risposta di Francois. "E ora ci divertiamo. Niente più Spitz, niente più guai, certo."
Mentre Perrault preparava l'attrezzatura da campo e caricava la slitta, il conduttore procedeva a imbrigliare i cani. Buck trotterellò fino al posto che Spitz avrebbe occupato come capo; ma Francois, non accorgendosi di lui, portò Sol-leks nell'ambita posizione. A suo giudizio, Sol-leks era il miglior cane guida rimasto. Buck balzò su Sol-leks con furia, respingendolo indietro e rimanendo al suo posto.
"Eh? Eh?" gridò Francois, schiaffeggiandosi allegramente le cosce. "Guarda dat Buck. Heem keel dat Spitz, heemt'ink to take de job."
"Vai via, Chook!" gridò, ma Buck si rifiutò di muoversi.
Prese Buck per la collottola e, sebbene il cane ringhiasse minaccioso, lo trascinò da parte e sostituì Sol-leks. Al vecchio cane non piaceva e mostrava chiaramente di avere paura di Buck. Francois era ostinato, ma quando ha voltato le spalle Buck ha nuovamente spostato Sol-leks, che non era affatto riluttante ad andarci.

Francois era arrabbiato. "Ora, per Gar, ti sfido!" gridò, tornando con una pesante mazza in mano.

Buck si ricordò dell'uomo con il maglione rosso e si ritirò lentamente; né tentò di caricare quando Sol-leks fu nuovamente portato avanti. Ma girò in cerchio appena oltre il raggio della mazza, ringhiando con amarezza e rabbia; e mentre girava in cerchio osservava la mazza per evitarla se lanciata da Francois, perché era diventato saggio in fatto di mazze. L'autista fece il suo lavoro e chiamò Buck quando fu pronto per metterlo al suo vecchio posto di fronte a Dave. Buck indietreggiò di due o tre passi. Francois lo seguì, dopodiché si ritirò di nuovo. Dopo un po 'di tempo, Francois ha buttato giù la mazza, pensando che Buck temesse una bastonata. Ma Buck era in aperta rivolta. Voleva, non sfuggire a un clubbing, ma avere la leadership. Era suo di diritto. Se l'era guadagnato e non si sarebbe accontentato di meno.

Perrault ha preso una mano. Tra di loro lo hanno corso in giro per la migliore parte di un'ora. Gli hanno lanciato dei bastoni. Ha schivato. Lo maledissero, ei suoi padri e le sue madri prima di lui, e tutta la sua discendenza a venire dopo di lui fino alla

generazione più remota, e ogni capello sul suo corpo e goccia di sangue nelle sue vene; ed egli rispose alla maledizione con ringhio e si tenne fuori dalla loro portata. Non ha cercato di scappare, ma si è ritirato in giro e intorno al campo, pubblicizzando chiaramente che quando il suo desiderio sarebbe stato soddisfatto, sarebbe entrato e sarebbe stato buono.
Francois si sedette e si grattò la testa. Perrault guardò l'orologio e imprecò. Il tempo volava e avrebbero dovuto essere sulla pista un'ora passata. Francois si grattò di nuovo la testa. Lo scosse e sorrise imbarazzato al corriere, che alzò le spalle in segno di essere stato picchiato. Quindi Francois si avvicinò al punto in cui si trovava Sol-leks e chiamò Buck. Buck rise, come ridono i cani, ma mantenne le distanze. Francois ha sciolto le tracce di Sol-leks e lo ha riportato al suo vecchio posto. La squadra era imbrigliata alla slitta in una linea ininterrotta, pronta per la pista. Non c'era posto per Buck se non nella parte anteriore. Ancora una volta Francois chiamò, e ancora una volta Buck rise e si tenne alla larga.
"T'row down de club", ordinò Perrault.
Francois obbedì, dopodiché Buck entrò al trotto, ridendo trionfante, e si girò in

posizione a capo della squadra. Le sue tracce furono fissate, la slitta esplose e con entrambi gli uomini che correvano si precipitarono sul sentiero del fiume.

Poiché il conducente del cane aveva prevalso Buck, con i suoi due diavoli, si accorse, mentre era ancora giovane, di averlo sottovalutato. A un certo punto Buck assunse le funzioni di comando; e dove era richiesto giudizio, prontezza di pensiero e prontezza d'azione, si mostrò superiore anche a Spitz, del quale Francois non aveva mai visto eguali.

Ma era nel dare la legge e nel far rispettare i suoi compagni, che Buck eccelleva. A Dave e Sol-leks non importava il cambio di leadership. Non erano affari loro. Il loro compito era di lavorare, e faticare potentemente, nelle tracce. Finché ciò non è stato interferito, a loro non importava cosa fosse successo. Billee, il bonario, poteva guidare per tutto ciò che gli importava, purché mantenga l'ordine. Il resto della squadra, tuttavia, era diventato indisciplinato durante gli ultimi giorni di Spitz e la loro sorpresa è stata grande ora che Buck ha proceduto a rimetterli in forma.

Pike, che tirava alle calcagna di Buck, e che non metteva mai un'oncia del suo peso sulla fascia del petto in più di quanto fosse obbligato a fare, fu rapidamente e ripetutamente scosso per oziare; e prima che il primo giorno fosse finito, tirava più che mai in vita sua. La prima notte al campo, Joe, quello acido, fu punito duramente, una cosa che Spitz non era mai riuscito a fare. Buck lo ha semplicemente soffocato in virtù del peso superiore e lo ha fatto a pezzi finché non ha smesso di spezzarsi e ha iniziato a piagnucolare per chiedere pietà.

Immediato il tono generale della squadra. Ha recuperato la sua antica solidarietà e ancora una volta i cani sono saltati come un cane nelle tracce. Alle Rink Rapids furono aggiunti due husky nativi, Teek e Koona; e la rapidità con cui Buck li irruppe tolse il respiro a Francois.

"Nevaire un cane come dat Buck!" lui pianse. "No, nevaire! Heem vale un dollaro, per Gar! Eh? Che ne dici, Perrault?"

E Perrault annuì. All'epoca era in testa al record e guadagnava giorno dopo giorno. Il sentiero era in ottime condizioni, ben preparato e duro, e non c'era neve fresca con cui fare i conti. Non faceva troppo freddo. La temperatura scese a cinquanta sotto zero e vi rimase per tutto il viaggio.

Gli uomini cavalcavano e correvano a turno, ei cani venivano tenuti sul salto, con interruzioni ma non frequenti.

Il fiume Thirty Mile era relativamente ricoperto di ghiaccio, e in un giorno percorsero ciò che avevano impiegato dieci giorni per entrare. In una corsa fecero una corsa di sessanta miglia dai piedi del lago Le Barge alle White Horse Rapids. Attraverso Marsh, Tagish e Bennett (settanta miglia di laghi), volarono così velocemente che l'uomo a cui spettava di correre si trascinò dietro la slitta all'estremità di una fune. E l'ultima notte della seconda settimana superarono il White Pass e scesero lungo il pendio del mare con le luci di Skaguay e della nave ai loro piedi.

È stato un record. Ogni giorno per quattordici giorni avevano percorso una media di quaranta miglia. Per tre giorni Perrault e Francois hanno lanciato casse su e giù per la strada principale di Skaguay e sono stati inondati di inviti a bere, mentre la squadra è stata il centro costante di una folla adorante di acchiappa cani e musher. Poi tre o quattro uomini cattivi occidentali aspirarono a ripulire la città, furono crivellati come scatole di pepe per i loro dolori e l'interesse pubblico si rivolse ad altri idoli. Poi sono arrivati gli ordini ufficiali. Francois chiamò Buck, gli gettò le braccia al collo, pianse su di lui. E quello fu l'ultimo di Francois e Perrault. Come altri uomini, hanno abbandonato la vita di Buck per sempre.

Un mezzosangue scozzese si prese cura di lui e dei suoi compagni e, in compagnia di una dozzina di altre squadre di cani, riprese il sentiero stanco per Dawson. Non si trattava di una corsa leggera ora, né di un tempo record, ma di una pesante fatica ogni giorno, con un pesante carico alle spalle; perché questo era il treno della posta, che portava notizie dal mondo agli uomini che cercavano l'oro all'ombra del Polo.

A Buck non piaceva, ma sopportò bene il lavoro, essendone orgoglioso alla maniera di Dave e Sol-leks, e vedendo che i suoi compagni, che ne fossero orgogliosi o meno, facevano la loro parte. Era una vita monotona, che operava con regolarità da macchina. Un giorno era molto simile a un altro. Ogni mattina a una certa ora uscivano i cuochi, si accendevano fuochi e si consumava la colazione. Poi, mentre alcuni si accampavano, altri attaccavano i cani, ed erano in viaggio circa un'ora prima che calasse l'oscurità che preannunciava l'alba. Di notte, è stato allestito il campo. Alcuni lanciavano le mosche, altri tagliavano legna da ardere e rami di pino per i letti, e altri ancora portavano acqua o ghiaccio per i cuochi. Inoltre, i cani sono stati nutriti. Per loro questa era l'unica caratteristica della giornata, sebbene fosse bello oziare, dopo che il pesce era stato mangiato, per un'ora o giù di lì con gli altri cani, di cui c'erano fivescore e dispari. C'erano feroci combattenti tra loro, ma tre battaglie con i più feroci portarono Buck alla padronanza, così che quando si irrigidì e mostrò i suoi denti si tolsero di mezzo.

Soprattutto, forse, amava sdraiarsi vicino al fuoco, le zampe posteriori accucciate sotto di lui, le gambe anteriori tese davanti, la testa sollevata e gli occhi che ammiccavano sognanti alle fiamme. A volte pensava alla grande casa del giudice Miller nella baciata dal sole della Santa Clara Valley, e alla vasca di cemento, e a Ysabel, la messicana glabra, e Toots, il carlino giapponese; ma più spesso ricordava l'uomo con il maglione rosso, la morte di Curly, la grande lotta con Spitz e le cose buone che aveva mangiato o che avrebbe voluto mangiare. Non aveva

nostalgia di casa. La Terra del Sole era
molto fioca e distante, e tali ricordi non
avevano alcun potere su di lui. Molto più
potenti erano i ricordi della sua eredità
che davano a cose che non aveva mai
visto prima un'apparente familiarità; gli
istinti (che non erano altro che i ricordi
dei suoi antenati divenuti abitudini) che
erano caduti nei giorni successivi, e
ancora più tardi,
A volte, mentre si accovacciava lì,
ammiccando sognante alle fiamme,
sembrava che le fiamme fossero di un
altro fuoco, e che mentre si accovacciava
accanto a questo altro fuoco vedesse un
altro e diverso uomo dal mezzosangue
cucinare davanti a lui. Quest'altro uomo
era più corto di gambe e più lungo di
braccio, con muscoli fibrosi e nodosi
piuttosto che rotondi e gonfi. I capelli di
quest'uomo erano lunghi e arruffati, e la
sua testa era inclinata all'indietro rispetto
agli occhi. Emetteva strani suoni e
sembrava molto spaventato dall'oscurità,
in cui scrutava continuamente, stringendo
nella mano, che pendeva a metà tra
ginocchio e piede, un bastone con una
pietra pesante fissata fino all'estremità.
Era quasi nudo, una pelle lacera e
bruciata dal fuoco gli pendeva in parte

lungo la schiena, ma sul suo corpo c'erano molti peli. In alcuni posti, sul petto e sulle spalle e lungo l'esterno delle braccia e delle cosce, era arruffato in quasi una folta pelliccia. Non stava eretto, ma con il tronco inclinato in avanti dai fianchi, su gambe piegate all'altezza delle ginocchia. Intorno al suo corpo c'era una peculiare elasticità, o resilienza, quasi da gatto, e una pronta vigilanza come di chi vive nella paura perpetua delle cose viste e invisibili.

Altre volte quest'uomo peloso si accovacciava accanto al fuoco con la testa tra le gambe e dormiva. In tali occasioni i suoi gomiti erano sulle ginocchia, le mani giunte sopra la testa come per far piovere dalle braccia pelose. E al di là di quel fuoco, nell'oscurità avvolgente, Buck poteva vedere molti carboni luccicanti, a due a due, sempre a due a due, che sapeva essere gli occhi di grandi animali da preda. E poteva sentire il fragore dei loro corpi attraverso il sottobosco, ei rumori che facevano nella notte. E sognando lì vicino alla riva dello Yukon, con gli occhi pigri che sbattevano le palpebre davanti al fuoco, questi suoni e immagini di un altro mondo avrebbero fatto rizzare i capelli lungo la schiena e ritti sulle spalle e sul collo, finché non gemette piano e soffocato , o ringhiò piano, e il cuoco mezzosangue gli gridò: "Ehi, Buck, svegliati!"

È stato un viaggio duro, con la posta alle spalle, e il lavoro pesante li ha logorati. Erano a corto di peso e in cattive condizioni quando prepararono Dawson, e avrebbero dovuto riposarsi almeno dieci giorni o una settimana. Ma nel giro di due giorni lasciarono la banca Yukon dalle baracche, carichi di lettere per l'esterno. I cani erano stanchi, i conducenti brontolavano e, come se non bastasse, nevicava ogni giorno. Ciò significava una scia morbida, un maggiore attrito sui corridori e una trazione più pesante per i cani; tuttavia i conducenti sono stati leali in tutto e hanno fatto del loro meglio per gli animali.

Ogni notte i cani venivano assistiti per primi. Mangiarono prima che mangiassero i conducenti, e nessuno cercò il suo accappatoio finché non ebbe visto i piedi dei cani che guidava. Tuttavia, la loro forza è diminuita. Dall'inizio dell'inverno avevano percorso milleottocento miglia, trascinando le slitte per tutto il faticoso tratto; e milleottocento miglia racconteranno la vita dei più duri. Buck resistette, mantenendo i suoi compagni al lavoro e mantenendo la disciplina, sebbene anche lui fosse molto stanco. Billee piangeva e piagnucolava regolarmente nel sonno ogni notte. Joe era più acido che mai, e Sol-leks era inavvicinabile, dal lato cieco o dall'altro lato.

Ma è stato Dave a soffrire più di tutto. Qualcosa era andato storto con lui. Divenne più imbronciato e irritabile, e quando il campo fu piantato subito fece il suo nido, dove il suo autista gli diede da mangiare. Una volta fuori dall'imbracatura e giù, non si è rialzato in piedi fino al momento dell'imbracatura al mattino. A volte, nelle tracce, quando veniva strattonato da un arresto improvviso della slitta, o da uno sforzo per avviarla, gridava di dolore. L'autista lo esaminò, ma non trovò nulla. Tutti i piloti si sono interessati al suo caso. Ne parlarono all'ora dei pasti, e durante le ultime pipe prima di andare a letto, e una sera tennero un consulto. Fu portato dal suo nido al fuoco e fu schiacciato e spronato fino a gridare molte volte. Qualcosa non andava all'interno, ma non riuscivano a individuare ossa rotte, non riuscivano a distinguerlo.

Quando fu raggiunto Cassiar Bar, era così debole che cadeva ripetutamente nelle tracce. Il mezzosangue scozzese si fermò e lo portò fuori dalla squadra, portando il cane successivo, Sol-leks, veloce sulla slitta. La sua intenzione era quella di far riposare Dave, lasciandolo correre libero dietro la slitta. Malato com'era, Dave si risentì di essere stato portato fuori, grugnindo e ringhiando mentre le tracce erano sciolte, e piagnucolando con il cuore spezzato quando vide Sol-leks nella posizione che aveva ricoperto e servito così a lungo. Perché l'orgoglio delle tracce e delle tracce era suo e, malato a morte, non poteva sopportare che un altro cane facesse il suo lavoro.

Quando la slitta è partita, ha annaspato nella neve soffice lungo il sentiero battuto, attaccando con i denti Sol-leks, correndogli contro e cercando di spingerlo nella neve soffice dall'altra parte, sforzandosi di saltare dentro le sue tracce e ottenere tra lui e la slitta, e per tutto il tempo piagnucolando e urlando e piangendo per il dolore e il dolore. Il mezzosangue ha cercato di scacciarlo con la frusta; ma non prestò attenzione alla frusta pungente, e l'uomo non ebbe il coraggio di colpire più forte. Dave si rifiutò di correre tranquillamente sul sentiero dietro lo slittino, dove l'andatura era facile, ma continuò a dimenarsi al fianco della neve soffice, dove l'andatura era più difficile, fino a sfinirsi. Poi cadde e si sdraiò dove cadde, ululando lugubremente mentre il lungo treno di slitte passava agitato.

Con l'ultimo residuo delle sue forze riuscì a indietreggiare barcollando finché il treno non fece un'altra fermata, quando passò oltre le slitte fino alla sua, dove si fermò accanto a Sol-leks. Il suo autista indugiò un momento per ottenere una luce per la sua pipa dall'uomo dietro. Poi è tornato e ha avviato i suoi cani. Percorsero il sentiero con notevole mancanza di sforzo, voltarono la testa a disagio e si fermarono sorpresi. Anche l'autista fu sorpreso; la slitta non si era mossa. Ha chiamato i suoi compagni per assistere alla vista. Dave aveva morso entrambe le tracce di Sol-leks e si trovava proprio davanti alla slitta al suo posto.

Pregò con gli occhi di rimanere lì. L'autista era perplesso. I suoi compagni parlavano di come un cane potesse spezzargli il cuore se gli veniva negato il lavoro che lo uccideva, e ricordavano casi che avevano conosciuto, in cui cani, troppo vecchi per la fatica, o feriti, erano morti perché erano stati tagliati fuori dalle tracce. Inoltre, hanno tenuto una pietà, dal momento che Dave doveva morire comunque, che sarebbe dovuto morire tra le tracce, a cuore facile e contento. Così fu imbrigliato di nuovo, e orgogliosamente tirò come una volta, anche se più di una volta gridò involontariamente per il morso della sua ferita interiore. Più volte cadde e fu trascinato nelle tracce, e una volta la slitta gli corse addosso così che da allora in poi zoppicò in una delle zampe posteriori.

Ma resistette finché non fu raggiunto il campo, quando il suo autista gli fece un posto vicino al fuoco. La mattina lo trovò troppo debole per viaggiare. Al momento dell'imbracatura ha cercato di strisciare verso il suo autista. Con sforzi convulsi si alzò in piedi, barcollò e cadde. Poi si avviò lentamente verso il punto in cui venivano messe le imbracature ai suoi compagni. Avrebbe avanzato le gambe anteriori e trascinato su il suo corpo con una sorta di movimento di autostop, quando avrebbe fatto avanzare le gambe anteriori e avrebbe fatto l'autostop ancora per qualche centimetro in più. La sua forza lo lasciò, e l'ultima volta che i suoi compagni lo videro giaceva ansimando nella neve e desiderando ardentemente verso di loro. Ma lo sentivano ululare tristemente finché non scomparvero alla vista dietro una cintura di tronchi di fiume.

Qui il treno è stato fermato. Il mezzosangue scozzese tornò lentamente sui suoi passi verso l'accampamento che avevano lasciato. Gli uomini smisero di parlare. Risuonò un colpo di rivoltella. L'uomo tornò in fretta. Le fruste schioccavano, i campanelli tintinnavano allegramente, le slitte agitavano lungo il sentiero; ma Buck sapeva, e ogni cane sapeva, cosa era accaduto dietro la cintura degli alberi del fiume.

La   fatica disuggerimentoesentieroTrenta giorni da quando lasciò Dawson, la posta dell'acqua salata, con Buck e il suopalson ilprima, arrivò a Skaguay. Essiera statoin   un miseronazione,cancellatoe logorato. di Buckcentoe40 chiliavevodiminuitoacentoe quindici. Ilrilassamentodel suoamici,comunqueaccendinocuccioli, avevopiuttosto fuori luogo maggiorepeso di lui. Pike, il falsario, che, nel suovita diinganno,   avevafrequentemente efficientementefinse

adannogamba,diventareora zoppicando sul serio. Sol-leksdiventarezoppicando e Dubfarsi colpire dauna scapola strappata.   Essiera statotuttostraordinariamentemal di piedi.   Nessuna   molla   o rimbalzodiventarelasciato in loro. I lorole dita dei piedicadutovicino al percorso, stridendo il loroi nostri corpie raddoppiando   la   fatica   diun pomeriggio'Sviaggio. Lànon diventare niente il problemacon lorooltretuttoche essiera stato inutilmente consumato. Essodiventa   ora   non   piùilinutile-stanchezza che vieneviabreveetentativo smodato,   da   cuiil   restauro   è   un problemadi

ore;peròessodiventareilinutile-stanchezza   che vieneattraversoilgradualeepotenza estesaprosciugamento di mesi di lavoro.

LàdiventareNoelettricitàdirecuperoa sinistra, nessuna riservapotere di nomesu. Essosono statotutto usato, ilultimomenoun   po'   diesso.   Ogni muscolo,a   testafibra,a testacellula,diventato   logoro,inutile logoro. Ec'è stata una causaper questo.

Inmolto menodi5mesiche lo avrebbero fattoviaggiato venti-5cento miglia,negli ultimimilleottocento di cuiche lo avrebbero fattoavevotuttavia5giorni'rilassamento. Quando sono arrivati a Skaguay loroera stato apparentementesul loroultimogambe. Essidovrebbe tenere leggermenteillineeteso, ealvoti bassisemplicemente controllatoapresafuori damanieradella slitta. "Mush on,negativopiedi doloranti"la forza motrice omologataloro mentre barcollavanola strada principaledi Skaguay. "Dis is de las'. Den ne prendiamo unolungores'. Eh? Di sicuro. Un bullolungores'." I pilotiottimisticamente predettoa protrattososta. Loro stessi,che avevano inclusomilleduecento miglia con giornirilassamento, eall'interno delnatura dicausaeluogo non insolitogiustizia che meritavano unc linguadi oziare. Matanto era statoilragazziche si era precipitato nel Klondike, etanto era statogli innamorati, le mogli erelazioniche avevaora non piùsi precipitò dentro, che la posta congestionatadiventando subentranteProporzioni alpine; anche lìera stato rispettabileordini. Lotti freschi della Baia di Hudsoncucciolo era statoprendere ilsedi del senatoreper ilsentiero. Ilnegativoquelliera statoesseresono stati datisbarazzarsi di, e,in vista che i cuccioli sono contati numeroper pocoin opposizione adollari, loroera statoda vendere. Tre giornisuperato,con l'ausilio di quale periodoBuck e il suopalsscopertocomechiaramente usuratoesuscettibileessiera stato. Quindi,almattina del quarto giorno,ragazzidagli Statiottenuto qui accanto e acquisitoloro, imbracatura e tutto, per una canzone. Ilragazziaffrontatoogni diversocome "Hal" e "Charles". Carlodiventareun uomo di mezza età, leggero-ragazzo colorato, insieme asuscettibilee occhi acquosi e baffi che si attorcigliavano ferocemente e vigorosamente, dando ildisinformarenascondeva il labbro mollemente cadente. Haldiventareunadolescente di 19 annio venti, con adi grandi dimensioniIl revolver di Colt e un coltello da caccia legatocircalui su una cintura chebelloirto di cartucce. Questa cinturadiventareilmassimosalienteprobl ema circalui. Essocommercializzatola sua insensibilità, una insensatezza pura e indicibile. Tutti e dueragazzi erano stati ovviamentefuori posto, e perchéinsieme aessibisogno di viaggioil Nord èuna parte diilthriller di fattoriche supera la comprensione. Buck ha sentito lo sfregamento,si accorseilcashbysalta tra la personae l'agente del governo, e sapeva che lo scozzese1/2 di-la razza e la posta-educareautistiera statosvanire dal suostile di vita altalloni di Perrault e Francois e gli altri che avevanolungo più pastor di. quandospinto insieme con gli hispalsail nuovo di zeccacampo dei proprietari, Bucknotato un goffoe sciatta affare, tenda1/2 diteso, piatti non lavati,l'intera cosain disordine; anche luisi accorseuna donna. "Mercedes" ilragazzi indicati comesuo. Leidiventaredi CarloSposae la sorella di Hal...una piacevole cerchia di parentifesta. Buck li osservò con apprensione mentre procedevano a smontare la tendae caricola slitta. Làdiventareunstraordinarioquantità ditentare circai loromodo,perònessun metodo professionale. La tendadiventarearrotolatoun pacchetto sgraziato deal3instancescomeenorme perché è necessariosono stato. I piatti di lattaera statomesso via non lavato. MercedesGeneralmentesvolazzòall'interno del mododi leiragazziesalvatosu un chiacchiericcio ininterrotto di rimostranze eraccomandazione. Quando essiposizionatoun sacco di vestitinella parte anterioredella slitta, leiconsigliatoessobisogno di passare di nuovo; edopo di loroavevoposizionatoessodi nuovo, einclusoè finitapiùdiversifagotti, leitrovato lasciato fuoriarticoliquello potrebbenon stare da nessun'altra parteperòin quel sacco,e che loroscaricatoancora una volta. Treragazzida una tenda vicinavai lìfuori eapparsoavanti, sorridendo e facendo l'occhiolino l'un l'altro. "Haisono stati datiuncorrettocaricoperchéè,"dichiarato certamente considerato uno traloro; "eora non lo è piùmeho bisogno di informartii tuoi affari,peròionon lo farebbeporta quella tendaa fiancose iodiventarete." "Impensato!" gridò Mercedes, vomitandolabracciacon delicato sgomento. "Tuttaviaall'interno dell'internazionaleiomanipolare senzauna tenda?" "E' primavera,e anche tu potresti noprendi qualsiasimaggiore senza sanguetempo atmosferico,"la personaha risposto. Scosse la testa con decisione, e Charles e Halposizionatoilultimoquote e fini suculmineil carico montuoso. "Pensarelo faràgiro?"uno dei ragazzichiesto. "Perchénon dovrebbevero?" chiese Carlocome sostitutoin breve. "Oh,questo ètuttocorretto,questo ètuttocorretto,"la personaaffrettò docilmentemenzionare. "IOdiventa semplicementemi chiedo,questo ètutto. Essoconsideratoun acaroculmine-pesante." Charlescrebbe fino a diventareil suoancorae tirai giù le sferzeinoltreluidovrebbe, qualediventa ora non più all'interno delalmeno bene. "Un' dipercorsoilcucciolipuò fare un'escursionea fiancotutto il giorno con quell'aggeggioalle spalle diloro", ha affermato a2ddelragazzi. "Certamente,"ha dichiaratoHal, con gelida gentilezza, prendendoconservadel gee-pole con una mano e facendo oscillare la frustal'alternativa. "Poltiglia!" ha urlato. "Mush su là!" Ilcuccioliscaturitoin opposizione ale fasce del seno,

tesedifficileperalcunimomenti,   poi rilassati. Essinon era stato in grado di trasportarela slitta. "I bruti pigri, lo farò ioSchermoloro",
gridò,prepararsiscagliarli contro con la frusta. Ma Mercedes ha interferito, gridando: "Oh, Hal, non devi", come leibloccatoconservaredella   frusta   e gliela   strappò.   "Ilnegativocari!   Ora tubisogno dipromettonon puòsii duro con loro per ilrilassamentodelviaggio, o iopotrebbe non passareun passo." "Lotto preziosoti   rendi   conto approssimativamente   dei   cuccioli", sogghignò suo fratello; "e iodesiderio che te ne vadasolo io. Sono pigri, ioinformarvi,e ti sono stati datiper frustarli per ottenerequalche cosafuori di loro. Questo è il loromaniera. Chiedi a   chiunque.   Chiedi   unodi   questi ragazzi"Mercedescontrollatoloro implorante, indicibile ripugnanza alla vistadolorescritto in leipiuttostoviso. "Loro sonosuscettibilecome acqua,nel caso ne avessi bisognoariconoscere,"vai lìilrisponderedauno dei ragazzi. "Prugna nascosta,questo   è   il   problema. Essivolereeunrilassamento." "Il resto sia cancellato,"ha dichiaratoHal,insieme al suolabbra senza barba; e Mercedesha

dichiarato, "Oh!" indoloree doloresulgiuramento. Ma leidiventareuna creatura del clan, e si precipitòsubitoin difesa del fratello. "MaipensieriQuellotipo," leiha dichiaratopuntualmente. "Seiusandoi nostricuccioli,e anche tufarehai osservato di alta qualitàcon loro." Di nuovo la frusta di Hal cadde sulcuccioli. Si sono lanciatiin opposizione ale fasce del petto, scavarono le lorole dita dei piedinella neve compatta,sono stati datiin basso ad esso, eposizionatoavanti tutto il loropotenza. La slitta ha tenuto comecomunqueessoera statoun'ancora. Dopo gli sforzi, si alzaronociò nonostante, ansimando. La frustadiventarefischiettando selvaggiamente,mentre di nuovoMercedes è intervenuta. Cadde in ginocchioprima diBuck, con le lacrime agli occhi, eposizionatosuogiro delle palmeil suo collo. "Voinegativo,negativocari," esclamò comprensiva, "perchénontu tiridifficile?—allora sicuramente non lo farestiessere frustato." Buck lo feceora non piùcome lei,peròluidiventareanche sentirsideprimere da affrontarelei, prendendola comeuna parte dii

giornidipinti deprimenti. Uno degli spettatori, chisono statostringendo il suosmaltosopprimerecaldodiscorso,
ora parlò: — "Èora non piùche mi interessa un whoop cosadiventeràdi voi,peròper ilcuccioli' bene Isemplicemente bisogno di informarevoi,potresti aiutareloro unpotentequantitàcon l'ausilio dell'utilizzorompendo quella slitta. I corridori sonoghiacciatoveloce. Lancia il tuo pesoin opposizione ail gee-pole,correttoe sinistra, erovinafuori."
A0,33tempo ilsforzarsi di diventarefatto,peròquesta volta, a seguito delraccomandazione, Hal ha fatto esplodere i corridori chesono statocongelato sulla neve. La slitta sovraccarica e ingombrantesolido in anticipo, Buck e il suopalpitantefreneticamentesottola
pioggia di colpi. Cento metriin anticipoilcorso cresciuto per diventaree in forte pendenzala strada principale. Essopotrebbehanno richiesto unragazzo espertoapresailculmine-slitta pesante verticale, e Halnon diventare più questo tipo di ragazzo. Mentre oscillavanoal capovolgimentola slitta è andata oltre, rovesciandosi1/2 diil suo

caricoattraversoilgratuitofrustate.
Ilcuccioli in nessun modofermato. La slitta alleggerita balzava su di essasfaccettatura sul retro diloro. Essiera stato indignato a causa diilrimedio malato che avevano acquisitoe il carico ingiusto. secchiodiventarefurioso. Lui ruppeproprio in uncorri ilequipaggioseguendo il suo esempio. Hal gridò "Whoa! whoa!"perònon hanno dato ascolto. È inciampato ediventaretirato fuori il suole dita dei piedi. La slitta capovoltapavimentosu di lui, e ilcuccioliprecipitato su ilstrada,Compresoall'allegria di Skaguay mentre disperdevano ilil riposodell'abitoa fiancosuocapoarteria. Di buon cuoreresidenti bloccatiilcuccioliematuratosu i dispersirisorse. Inoltre, hanno datoraccomandazione. Metàl'onereedue volteilcuccioli,nel caso in cui loromaiprevistoaraggiungereDawson,div entareche cosadiventò. Hal e sua sorella e suo cognatoregolamentoascoltò di malavoglia, piantò la tenda e revisionò l'attrezzatura. In scatolagli oggetti sono stati cresciuti per diventarefuori quello fattoragazziridere, per in scatolaarticoli

alLong Trail è unproblemasognarecirca. Citazione "Coperte per un hotel".uno dei ragazziche rideva e aiutava. "La metàè troppotanto;smaltireloro. Butta via quella tenda e tutto il restol solipiatti,-chi èandandopulireloro, comunque? Buon Dio, fallohai osservato che stai visitandosu un Pullman?" E così è andato, l'inesorabilerimozionedel superfluo. Mercedes piansementrei suoi abiti-il bagaglio era statoscaricatial pavimentoe articolo dopo articolodiventarebuttato fuori. Ha pianto in generale,e lui o leigridòprincipalmenteSopraogniscartat oproblema. Lei strinsebraccia circaginocchia, dondoloverso e frodanneggiato-di cuore. Lei ha affermato leipotrebbe ora non passare piùun pollice,ora non piùper una dozzina di Charles. Ha fatto appello atutti quantie al'intera cosa,successivamenteasciugandosi gli occhi eintendendoaforgiatofuori anche articoli divestiarioQuelloera stato vitalenecessario. E nel suo zelo,mentreavevacompletato insieme a herpersonal, ha attaccato ilrisorsedi leiragazzie andòattraversoloro come un tornado. Ciò compiuto, l'abito,anche se ridurrein1/2 di,diventa comunque impressionantemassa. Charles e Hal uscironoall'interno della notte e acquisitosei Fuoricuccioli. Queste,introdottoalle sei delequipaggio unicoe Teek e Koona, gli huskyacquisito sulRapide della pistaal viaggio dei documenti,consegnatoilequipaggio tanto quantoquattordici. Ma l'esternocuccioli,anche se quasi danneggiatoinvisto cheil loro atterraggio, lo feceora non più quantitàtroppo. Treera stato brevepuntatori dai capelli, unodiventareun Terranova, el'alternativa era statabastardi di razza indeterminata. Loro feceroora non appaiono piùariconoscere qualcosa,quelle persone inesperte. Buck e i suoi compagniapparsosu di loro con disgusto, ecomunqueluivivacementeinsegnato loro il loroposizione cosaora non piùfare, luinon poteva educareloro cosa fare. Loro feceroora non piùprendi gentilmente asuggerimentoesentiero. Con l'eccezione diil 2bastardi, loroera statodisorientato e spirito-danneggiato con l'aiuto dell'usoilinsolitoattaccaredintorniin cuiessiscopertostessi econ l'ausilio dell'utilizzoilrimedio malato che avevano acquisito. I bastardiera stato fuorispirito affatto; ossaera statoilcose migliorifragilecircaloro. Con ilpersone inespertesenza speranza e disperato, e ilantiquariato cancellato con l'aiuto dell'usoventi-5cento miglia disenza sosta, la prospettivadiventa comunque qualcosaluminosa. Ilragazzi, però,era stato carinoallegro. E loroera statoanche orgoglioso. Essiera statofacendo ilproblemain grande stile, con quattordicicuccioli.

Avevanovisibilediversoslittepartireoltre il passo per Dawson, osono disponibili inda Dawson,comunque in nessun modoavevano lorovisibileuna slitta concosì tantocome quattordicicuccioli. Inil personaggiodell'Articoviaggio c'è statouncausaperché quattordicii cuccioli ora non hanno più bisognotrascina una slitta e bastadiventarequella slittanon poteva portareilpastiper quattordicicuccioli. Ma Charles e Hal sìora non lo riconosci piùquesto. Avevanoha lavoratoilviaggiofuori con una matita,Un saccoad uncanino,così tanti cuccioli,così tantogiorni, QED

Mercedesapparsosopra le loro spalle e annuì in modo completo, essodiventaretutto così moltofacile. Tardisuccessivomattina Buck ha guidato illungo equipaggiosulstrada. Lànon diventare nulla di attivo approssimativamenteesso, nessuno scatto opassaggioin lui e nei suoi simili. Essiera stato inutilestanco. quattroistanzelui avevaincluso il divarioAcqua salata e Dawson, e ilcompetenzaquello, stanco econsumati, luidivenire attraversandoilequalpathover di nuovo, lo rese amareggiato. Il suoil cuore coronarico non è più all'interno dei dipinti, nédiventareilcuore coronaricodi qualsiasicanino. Gli esterniera statotimidi e spaventati, gli Internicon assoluta certezza del loromaestri. Buck lo sentiva vagamentec'è statoNofare affidamentosuquei ragazzie la donna. Loro feceroora non riconosco più la strada perfarequalche cosa,e perché ili giorni sono passaticon l'ausilio dell'utilizzoessosono diventati ovviche essinon potevoimparare. Essiera statoallentato in tuttoimporta,senzaordinare ocampo. Li ha presi1/2 diilnottepiantare un campo sciatto, e1/2 dila mattinainterromperequel campo e carica la slittastilecosì sciatto che per ilrilassamentodel giorno loroera statooccupato inpreveniree riordinarel'onere. Alcuni giorni lo hanno fattoora non piùfare dieci miglia. SUdiversogiorni loronon era stato in gradoottenereiniziatoaffatto. E in nessun giorno lo feceroraggiungerefabbricazionemaggior edi1/2 del gap utilizzato dailragazzicome unfondamento del loro canino-pasticalcolo. Essodiventareinevitabile che lorobisogno di un breve resocontoSucanino-pasti. Ma l'hanno affrettatocon l'ausilio dell'utilizzosovralimentazione, portando il giornopiù vicinosottoalimentazionepotrebbeinizia re. L'esternocuccioli, la cui digestione avevaora non piùstatoesperto con l'aiuto dell'uso persistentecarestia per fare ilmassimodi poco, aveva appetiti voraci. Ementre,allo stesso modoa questo, gli husky logori tirarono debolmente, Haldeterminatoche la razione ortodossadiventaretroppo piccolo. Lo ha raddoppiato. E per tapparetutto,mentreMercedes, con le lacrime addossopiuttostoocchi e un tremito in gola,non potevoconvincerlo a dare ilcuccioli comunque più grandi, ha rubato dai sacchi di pesce e li ha nutriti di nascosto. Ma ciònon diventare più pastiche Buck e gli husky avevano bisogno,comunque relax. Ecomunqueessiera statofabbricazionenegativotempo, il carico pesante che hanno trascinato ha indebolito il loropotenzagravemente. Quindivai lìla sottoalimentazione. Halsvegliato prima o poialrealtàChe il suocanino-i pasti diventano 1/2 di un lungo passatoela gapbestzone inclusa;Inoltre, Quelloper il romanticismooContantiNoextracanino-i pasti diventanoessereacquisiti. Così luiridurregiù anche la razione ortodossa etentatoaboomi giorniviaggio. Sua sorella e suo cognatoregolamentolo assecondò;peròessiera stato infastidito con l'aiuto dell'usoil loro abbigliamento pesante e il loropersonaleincompetenza. Essodiventareunfacile da presentareilcucciolimolto meno pasti;peròessodiventato impossibileper fare ilviaggio dei cuccioliPiù veloce,mentrei loroincapacità personaleottenereunderneathmannerin anticipo   all'interno delmattinaevitatoloro   davisitandoore più lunghe. Nonmigliorehannoora non riconosco più il modo in cui dipinge i cuccioli,peròloro   feceroora   non riconosco più il modo in cui i dipintiloro stessi.   Il   primodiventare capodoppiaggio.   Povero   ladro ingannevole   che luidiventare,continuamenteottenereinco llatoe punito, non ne avevamolto menostatoun devotolavoratore. La sua scapola contorta, non curata e non riposata,   è   andata   viaterribilea peggio,fino al successivoHal gli ha sparato con ildi grandi dimensioniIl revolver   di   Colt.   È unannunciandodelStati   Uniti d'Americache un Esternocaninomuore di famemorendo ilrazione del husky, quindi   i   sei   Fuoricuccioli sottosecchiodovrebbefare   nomolto menoche   morire1/2   dila   razione dell'husky. Il Terranova è andato per primo,accompagnato   con   l'aiuto dell'usoil3brevepuntatori dai capelli,il 2bastardiimpressionantegrintosodiretta mente   agli   stili   di vita,peròandandodentro   la   rinuncia.

Ormaitutte le strutturee la gentilezza del Southland era cadutalontano dail3esseri umani. Privo del suo glamour e romanticismo, l'Articoil viaggio è diventatoa loro unfattotroppo rigidoper leivirilità e femminilità. Mercedes smise di piangere sulcuccioli, essendo ancheaffascinatopiangendo su se stessa e litigandoinsieme a leimarito e fratello. Litigarediventa l'unico problemaessinon era stato affattotroppo stanco per farlo. La loro irritabilità è natanella loro angoscia,elevatocon esso, piegato su di esso, distanziato. Ilpotenza di prim'ordinedelsentieroqualecoinvolge ragazzichi faticadifficileeVai oltredolorante, econtinua a essere dolcedi parola e gentilmente, ha fattoora non piùvenirea quei ragazzie la donna. Non ne avevano ideaquesto tipo di potere di permanenza. Essiera statorigido e dentrodolore; i lorogruppi muscolaridolevano, dolevano le loro ossa, dolevano i loro stessi cuori; ea causa diquesto lorosono diventatiacuto di parola, efrasi difficili erano stateprima sulle loro labbraall'interno delmattina eultimoanotte. Charles e Hal litigaronoogni voltaMercedes ha dato loro una possibilità. Essodiventareilamatopercezionedi ogniche ha fattomaggioredel suopercentualedelquadri, e nessuno dei due ha impeditoparlarequestopercezioneaa testaopportunità. A volte Mercedes si schieravainsieme a leimarito,occasionalmente insieme a leifratello. Ilrisultato finale diventaunsbalorditivoecerchia infinita di parentilitigare. Partendo da una disputa su qualebisogno ditaglioalcunibastoni peril focolare(una disputa checoinvoltoCarlo e Hal),attualmente potrebbeessere trascinatodentro il rilassamentodelpropria cerchia di parenti, padri, madri, zii, cugini,essere umanidi miglia di distanza, eun numero diloroinutile. Quello di Halprospettivesull'arte, o iltiposocietàesegueil fratello di sua madre ha scritto,bisogno diaverequalche cosaa che fare con iltagliodialcunibastoncini di legna da ardere, passa la comprensione;nonostante il fatto chela litediventarecomeprobabilmenteagenera lmente tendenteIn ciòpercorsocomeall'interno del percorsodei pregiudizi politici di Carlo. E quella lingua da favola della sorella di Charlesbisogno diessereapplicabilealcostruiredi un fuoco dello Yukon,diventa ovvioa Mercedes, che si sfogava di copiosirecensionisu quell'argomento, ea propositosualcune tendenze diversespiacevolmentestranoa suo maritopropria cerchia di parenti. Nelad interim il focolarerimasto non costruito, il campo1/2 dilanciato, e ilcucciolinon nutrito. Mercedes ha allattato acritica unica-ilcriticadi sesso. Leidiventa abbastanzae morbido, esono statocavallerescogestitotutti i suoi giorni. Mail rimedio prevalente con l'ausilio dell'usosuo marito e suo fratellodiventa l'intero negoziocavalleresco. Essodiventaresuocostumeessere impotente. Si sono lamentati. Su quale impeachment di cosa a leidiventaresuomassimo vitaleprerogativa sessuale, ha reso le loro vite insopportabili. Leiora non più preso in considerazioneilcuccioli, edovuto al fattoleidiventaredolorante econsumati, leisopportatoinusando alslitta. Leidiventa abbastanzae morbido,peròlei pesavacentoe ventichili— un lussuriosoultimopaglia al'oneretrascinatocon l'ausilio dell'utilizzoilsuscettibileefamelicoanimali. Ha cavalcato per giorni,Fino aloro cadderodentro le righee la slitta si fermòciò nonostante. Charles e Hal la pregarono di scendere e di camminare, la supplicaronoinsieme a lei, supplicato, ilmentrepianse e importò il Cielo con una recitanel lorobrutalità. Nessunoeventol'hanno portata fuori dalla slittacon l'aiuto dell'uso di un potere importante. Essisenza significatofattoancora una volta. Leipermetterele sue gambepassaggiozoppicava come un bambino viziato e si sedetteal sentiero. Sono andati sul loromaniera,peròlei lo ha fattoora non piùmuoversi. Dopoche lo avrebbero fattoviaggiato3miglia hanno scaricato la slitta,arrivato di nuovoper lei, econ l'aiuto di usingimportantpowerposizionatosuoalsli ttaancora una volta. Nelextrain thepersonaldistressessiera statoinsensibile allottando nel loroanimali. La teoria di Hal, che ha praticato su

altri,diventareQuellobisogno diindurire.
Lui avevainiziatofuori a predicarlo a
sua sorella e suo cognatoregolamento.
Non riuscendoci, lo ha martellato
nelcucciolicon unappartenenza. Al Five
Fingers ilcanino-pastiha ceduto, e uno
sdentatoanticosquawfornitoalternatolo
roqualche chilodi cavallo congelato-
travestimentoper il revolver Colt
quellosalvatoildi   grandi
dimensionicoltello da cacciasocietàal
fianco di Hal. UNsostituzione
negativaperi   pasti
diventanoquestotravestimento,semplice
mente perché lo è statospogliato dai
cavalli affamati dei mandriani sei
mesiancora. Nel suo
congelatonazioneessodiventare
maggiorecome strisce di ferro zincato,
ementreuncaninolo ha lottato nel
suogonfiarsisi è scongelatomagroe
corde coriacee innutrienti eproprio in
unmassabrevecapelli,traumaticoe
indigeribile. Evia tuttoBuck barcollòa
fiancoala cimadelequipaggiocome in un
incubo. Ha
tiratomentreluidovrebbe;mentreluinon
dovrebbe piùtirare, cadde e rimase a
terraFino acolpi di frusta
oappartenenzalo condusse al

suotoesome ancora una volta. Tutta la rigidità e la lucentezza avevanolungo passatofuori dal suostupendo pelosocappotto. I capelli penzolavano, flosci e trascinati, odeliziatocon sangue seccoin qualedi Halappartenenzalo aveva ferito. Il suogruppi muscolarisi era consumato a causa di fili annodati, e i cuscinetti di carne erano scomparsi,in modo che ognicostola ea testaosso nel suocorpo era stato menzionatopulitoattraversoiltravestime nto liberoQuellodiventareraggrinzito nelle pieghe del vuoto. Essodiventarestraziante,miglioredi Buckcuore coronaricoinfrangibile. Ilragazzo dentro il violamaglione lo aveva dimostrato. Comediventarecon Buck, quindidiventareessoinsieme agli hispals. Essiera statoscheletri in movimento. Làera statosette tutti insieme,che includelui. Nel loro moltostraordinaria angoscia che sarebbero diventatiinsensibile almasticaredella sferza o del livido dellaappartenenza. Ildolorediil dibattersi diventa stupidoe lontano,semplicemente perché le questionii loro occhisi accorsee le loro orecchie udironoconsiderato stupidoe distante. Essiera stato ora non più 1/2 divivente, ozonavita. Essiera stato praticamente un sacco di bagaglidi ossain cuiscintille distili di vitasvolazzò debolmente. Quando una sostadiventarefatto, sono cadutidentro le righepiacecuccioli inutili, e la scintilla si affievolì e impallidì econsiderato a capofuori. Ementreilappartenenzao la frusta cadeva su di loro, la scintilla sventolava debolmente,e che lorobarcollò al lorole dita dei piedie barcollò. Làarrivato nel pomeriggioBillee, il bonario, cadde enon potevosalita. Hal aveva scambiato il suo revolver, quindi ha preso ilpunteruoloe bussò a Billeela cimamentre giacevadentro le righe, poiridurrela carcassa fuori dall'imbracatura e la trascinòalmeno ad una sfaccettatura. secchiosi accorse, e il suopalsnotato,e che lorosapeva che questoproblema diventamoltovicinoloro. SUil giorno successivoKoona è andato, etuttavia5di loro rimasero: anche Joeun lungo passatoessere maligno; Pike, storpio e zoppicante,meglio 1/2 consapevoleeora non più consapevolepiù a lungo a simulare; Sol-leks,il solo-con gli occhi,comunque devotoalla fatica disuggerimentoesentiero, e triste in quanto aveva così pocopotenzacon cui tirare; Teek, che avevaora non piùviaggiatofinoraQuelloclima invernalee chidiventareadessoschiacciato maggiorerispetto agli altridovuto al fattoluidiventarepiù fresco; e Buck,ciò nonostanteala cimadelequipaggio,tuttavia ora non è più in campo di attuazioneo cercando dimettere in vigoreesso, cieco conpunto debole1/2 diil tempo emantenimentoilpercorso con l'aiuto dell'utilizzoil telaio di esso econ l'ausilio dell'utilizzoil fiocosensodel suole dita dei piedi. Essodiventa sbalorditivoclima primaverile,perònécucciolinéla gente era a conoscenzaesso. Ogni giorno ilsolarerosain anticipoe impostato in seguito. Essodiventa sorgere con l'aiuto dell'utilizzo3all'interno delmattina, e il crepuscolo indugiavafino al 9anotte. Ilper interogiornodiventareun raggio di sole. Lo spettraleclima invernaleil silenzio aveva datomanieraalstraordinariomormorio primaverile del risvegliostili di vita. Questo mormorio è nato datutti diterra, irta dipiacaredi vita. Essovai lìdalimportache visse e si mosseancora una volta,importaqualesono statocomeinutilee che avevaora non piùmossoad un certo puntoillungomesi di gelo. La linfadiventando crescendo all'interno delpini. I salici e i pioppiera statoirrompereminoremini cuffie. Arbusti e vitiera stato impostatoSufrizzanteabiti di verde. I grilli hanno cantatoall'interno delnotti, eall'interno delgiorni tuttimododi strisciare, strisciareimportafrusciato fuori nelsolare. Pernici e picchiera statorimbombando e bussandoall'interno delforesta. Scoiattoliera statochiacchiere, uccelli che cantano e sopra di loro suonavano il clacson selvaggio-uso di polloda sud involpinolo incuneatagliarel'aria. Daa testapendio collinarevai lìil rivolo dijoggingacqua, ilsintonizzaredi fontane invisibili. Tuttole cose erano statescongelare, piegare, spezzare. Lo Yukondiventaresforzandosenza interruzioniil ghiaccio checertogiù. Ha mangiatolontano dasotto; ilsolaremangiato dall'alto Si formarono fori d'aria, fessure esvelarea parte,mentre magrosezioni di ghiaccio sono caduteviafisiconel fiume. E in mezzo a tutto questo prorompente, lacerante, palpitante di risvegliostili di vita,sottolo sfolgorantesolareeattraversole brezze che sospirano dolcemente, come viandantista morendo, sbalorditoi 2 ragazzi, la donna e gli husky. Con ilcucciolicadendo, Mercedes piangendo eusando, Hal imprecava in modo innocuo e gli occhi di Charles lacrimavano malinconicamente, barcollarono nell'accampamento di John Thorntonsulfoce del fiume Bianco. Quando si sono fermati, ilcucciolicaduto comeanche se l'avrebbero fattotutti stati colpitiinutile. Mercedes si asciugò gli occhi econtrollatoJohn Thornton. Charles si sedette su un troncorilassamento. Si sedette molto lentamente e faticosamente cosa del suostraordinariorigidità. Hal ha parlato. John Thorntondiventareassottigliando ilultimotocca unpunteruolofronteggiarelui avevarealizzato daun bastoncino di betulla. Ha sminuzzato e ascoltato, ha dato risposte monosillabiche e,mentreessodiventarechiesto, concisoraccomandazione. Conosceva la razza e ha dato la suaraccomandazione all'interno dell'attualitàQuellonon lo sarebbe piùessereaccompagnato. "Essiinformatonoi in altoil più basso sta perdendofuori dasentieroe che ilproblema di alta qualitàper noi da farediventare metterefinita", Halha dichiaratoinreazionea quello di Thorntonattenzioneprendere nmaggiori possibilità alghiaccio marcio. "Essiinformatonoinon potevafare White River, egiusto quinoi lo siamo." Questoultimocon un beffardo anello di trionfo in esso. "E loroinformatoè vero," rispose John Thornton. "Ildidietro'Sprobabilmenteabbandonare in qualsiasi momento. Solo sciocchi, con i ciechibuona fortunadegli sciocchi,dovrebbece l'hanno fatta. ioinformarvidritto, ionon sarebbe pericolosola mia carcassa su quel ghiaccio pertutti dioro in Alaska." "Eccoa causa del fatto che ora non lo sei piùunidiota, Credo,"ha dichiaratoHal. "Tutti ipari,passeremo direttamente aDawson." Srotolò la frusta. "Alzati, Buck! Ciao! Alzati! Mush on!" Thornton continuò a tagliarediventareinattivo, lo sapeva, per ottenerefraunidiotae la sua follia;mentreo3sciocchimaggioreomolto meno potrebbe ora non più adattarsilo schemadi fattori. Ma ilequipaggiofattoora non sorgono più sulcomando. Esso avevalongyin vista che ha superatodentrogradoin cuicolpiera statonecessarioevocareesso. La frusta esplose,giusto quie lì, sul suocrudelecommissioni. John Thornton strinse le labbra. Sol-leksdiventa il primarioamuoviti lentamenteal suole dita dei piedi. Tekaccompagnato. Gioottenuto qui in seguito, urlando condolore. Pike fece sforzi dolorosi. due volte cadde,mentre 1/2 disu, eallo 0.33 si sforzava di controllaresalire. Buck ha fatto ntentativo. Giaceva in silenzioin qualeera caduto. La frusta lo morseancora una voltaeancora una volta,perònon si lamentò né lottò. ParecchiistanzeThorntoniniziato, comealeven pensato parlare,comunque modificatoil suopensieri. Un'umiditàvai lìnei suoi occhi e,perché ilfrustareperseverato, si alzò e camminò irresoluto su e giù. Questodiventa il primariotempo Buck aveva fallito, di per sé aabbastanza causaapressioneHalproprio in unrabbia. Ha scambiato la frusta per ilappartenenza comune. Buck ha rifiutatotrasportare al di sottola pioggia di colpi più pesanti che ora cadeva su di lui. Come il suoamici, luileggermente in grado di alzarsi,però,in contrasto conloro, si era inventato il suopensieri ora non piùaalzati. Lui aveva unindistintosensazione diprossimodestino. Questosono stati robustisu di luimentresi è fermato alistituzione finanziaria, e avevaora non piùpartì da lui. Di cosail magroe ghiaccio marcio che aveva sentitosottoil suole dita dei pieditutto il giorno, essoconsideratoche ha percepitocatastrofenoa mano,accessibile in anticipo alGhiaccioin qualeil suoafferrare diventa guardare alla pressionelui. Si rifiutò di agitarsi. Cosìin modo significativoavesse sofferto, ecosì lontano passatolui, che i colpi hanno fattoora non fa più maletanto. E come loroperseveratocadere su di lui, la scintilla distile di vita all'internosfarfallò e scese. Essodiventare quasifuori. Si sentivainsolitamenteintorpidire. Comecomunqueda unstraordinariodistanza, luidiventare coscienteche luidiventareessendoschiacciato. Ilultimosensazioni didolorelascialo.

Luiora non piùprovatoqualche cosa,comunquemolto debolmente luidovrebbe ascoltareileffettodelappartenenzasul suo corpo. Ma ciòdiventa ora non piùil suo corpo, essoconsiderato finoralontano. E poi, all'improvviso,con cautela, emettendo un grido chediventareinarticolato emaggiore proprio come ilgrido di un animale, su cui balzò John Thorntonla personachi impugnava ilappartenenza. Haldiventarescagliato all'indietro, comecomunquecolpitocon l'ausilio dell'utilizzoun albero in rovina. Mercedes urlò. Carloapparsomalinconicamente, si asciugò gli occhi acquosi,peròfattoora non si alza più a causa dila sua rigidità. John Thornton stava sopra Buck,sofferenza da manipolarestesso, troppo convulso dalla rabbiaparlare. "Se lo colpiscicaninea ancora una volta, ti uccido", ha aultimocontrollato per menzionarecon voce soffocante. "È il miocanino", rispose Hal, asciugandosi il sangue dalla bocca mentre luiarrivato di nuovo. "Esci dal miomanierao lo farò ioriparazionevoi. Vado da Dawson.» Thornton si alzòfralui e Buck, e ha dimostrato di noobiettivo di averefuori damaniera. Hal disegnò il suolungocoltello da caccia. Mercedes urlava, piangeva, rideva e manifestava il caotico abbandono dell'isteria. Thornton batté le nocche di Hal con ilpunteruolo-fronteggiare, battendo il coltello alpavimento. Batté le noccheancora una voltacome luitentatoasceglieresu. Poi si chinò, lo raccolse lui stesso e con colpiridurredi Bucklinee. Hal non avevacombatterelasciato in lui. Inoltre, il suole armi erano state complete insieme al suosorella, o suapalme,come sostituto;mentresecchiodiventareancheq uasi inutileessere diInoltreutilizzare per il traino della slitta. UNpoco tempoin seguito si sono ritirati dalistituzione finanziariae giù per il fiume. Buck li ha sentitipassaggioe alzò la testa per vedere, Pikediventareleader, Sol- leksdiventato sulruota, etra era statoJoe e Teek. Essiera statozoppicando e barcollando. Mercedesdiventando usandola slitta carica. Hal guidatosulgee-pole, e Charles inciampòaccanto all'interno delparte posteriore. Mentre Buck li osservava, Thornton si inginocchiò accanto a lui e con aria ruvida e gentilele braccia sembravano danneggiateossa. Per il momento suocercareaveva rivelatoniente di più grandedi molti lividi e anazionediorribilefame, la slittadiventa1 / 4di un miglio di distanza. Cane etipol'ho guardato strisciarea fiancosul ghiaccio. All'improvviso, lorosi accorsesuorinunciare di nuovoscendere, comeproprio in uncarreggiata, e il gee-pole, con Hal aggrappato ad esso, sobbalza in aria. L'urlo di Mercedesvai lìalle loro orecchie. Essisi accorseCarloFlipe fai un passo per correreancora,dopo di che un interosegmentodi ghiacciomodo di consegnaecuccioliele personescomparire. Uno sbadigliohollowbecometutto quellodiventareesserevisibile. Ildidietroaveva abbandonato ilsentiero. John Thornton e Buckcontrollato in modo diverso. "Voinegativodiavolo,"ha dichiaratoJohn Thornton e Buck gli leccò la mano.

Perl'affettodiuna personaQuando John Thorntonghiacciatoil suoall'interno del precedenteDicembre suocompagnilo

aveva creatosofficee lo lasciò a
prenderepropriamente,succedendorisal
gono il fiume per tirarne fuori una
zatterasi accorse-log per Dawson.
Luitrasformato comunquezoppicandoa
malapena sulvolta che ha salvato
Buck,peròinsieme ail clima caldo in
corsopersino ilblandozoppicare lo
lasciò. E qui,menzogna attraversoil
fiumeistituto finanziario viaillungogiorni
di primavera,analizzare, cercare,
guardareilandando a passeggioacqua,
ascoltando pigramente il canto degli
uccelli e il ronzio della natura, Buck
lentamentericevuto nella parte bassa
della schienail suoelettricità.
UNrilassamentoarrivaeccellentedopo
che uno ha viaggiato3mille miglia, e
questobisogno diva confessato che
Buck divenne pigro mentre le sue
ferite guarivano, le suetessuti
muscolarigonfio, e la carnearrivato qui
sottoacappucciole sue ossa. Per
quelloricordare, essisono statotutti
oziando, Buck, John Thornton e Skeet e
Nig,in attesala zatteraper tornare
indietroQuellotrasformato in
attesalorofino in fondoDawson. Tiro al
piattellotrasformato in un toccoSetter
irlandese che ha fatto prestoamicicon

Buck, che, in aperdita della vitacondizione,diventato incapacerisentirsi delle sue prime avances. Lei aveva ilmedicotratto chequalche cucciolopossedere; e come amammail gatto lava i suoi gattini, quindi ha lavato e pulito le ferite di Buck. Regolarmente,ognimattina dopo che avevacompletatola sua colazione, leiraggiuntolei auto-nominataIncarico,Fino aluivai lìaCercarele sue cure comeun saccocome ha fatto per Thornton's. negro,allo stesso modoamichevole,anche se molto menodimostrativo,diventatounmassicci oNerocanino,1/2 disegugio e1/2 dideerhound, con occhi che ridevano e uno sconfinatoprecisonatura. Da Buckmeravigliosi cucciolinon manifestava gelosiaverso qualcosalui. Essiapparsoapercentualela gentilezza e la grandezza di John Thornton. Mentre Buck crescevapiù potentelo hanno attirato in tuttotipi digiochi ridicoli,in cuiThornton stessonon potevorinunciare a partecipare; esu questo stileBuck si è scatenatoattraversola sua convalescenza e dentroun nuovo di zeccaesistenza. Amore,correttoamore appassionato,diventatosuo peril primariovolta. Questo avevain nessun modo uc: isodal giudice Miller a terraall'interno delbaciata dal sole nella valle di Santa Clara. Con i figli del giudice,ricercae calpestando, essosono statounoperativocollaborazione; con i nipoti del giudice, atipopomposa tutela; e col giudice stesso una maestosa e dignitosa amicizia. Ma lo adorodiventatofebbricitante e ardente, quellodiventatoadorazione, quellodiventatofollia, c'era voluto John Thornton per eccitarsi. Questotipoavevoimmagazzinatoil suoesistenza, qualetrasformato in qualcosa;però, inoltre, luitrasformato nella presa adatta. Altroragazzi notatoal benesserenei loro cucciolida untattodiobbligoeimpresaopportunità; luisi accorseal benessere dei suoicome seessisono statoil suopersonalefigli,dovuto al fattoluinon potevo resistereesso. E luisi accorseulteriore. Luiin nessun mododimenticato un saluto gentile o una parola di incoraggiamento, eprendere postogiù peruna comunicazione estesacon loro ("gas"

luiconosciuto
comeesso)diventatocomeun saccoil
suoorgogliocome loro. Lui aveva
unmanieradi prendere la testa di
Buckpiù o meno trail suodita, e
riposando il suopersonaletesta su Buck,
di scuoterloavanti e indietro,
ilmentrechiamandolomalatolo nomina
a Bucksono statonomi d'amore. Buck
sapeva di nopiù piaceredi quellodifficile
includeree il suono di giuramenti
mormorati, e aognicretinoavanti e
indietroessoapparsoChe il suocuore
coronaricoessere scosso dal
suotelaioCosìstraordinario trasformato
inla sua estasi. Ementre, rilasciato,
balzò al suopiedi, la sua bocca ridente, i
suoi occhi eloquenti, la sua
golacoloratocon suono inespresso, e in
quellostileè rimastacon outmotion, John
ThorntonPotevoesclama con riverenza:
"Dio!potrestituttoperòparla!" Buck
aveva un truccodi affettoespressione
chediventato simile amale. Luipotrebbe
catturare frequentementeLa mano di
Thornton nella sua bocca evicinocosì
ferocemente che la carne portava
ilzincaredel suodenteperun podopo. E
poiché Buck intendeva che i
giuramenti erano amorefrasi, Cosìla

personacapito questo fintomasticareper
una carezza. Per ilmassimoparte,
tuttavia, l'amore di
Buckdiventatoespresso in adorazione.
Mentre si scatenava di
felicitàmentreThornton lo ha toccato o
parlato con lui, lo ha fattoora non sono
più alla ricerca di quelligettoni. A
differenza di Skeet, chediventatohai
voglia di spingerlanarice sottoLa mano
di Thornton e la spintarella e la
spintarellaFino aaccarezzato, o Nig,
chiPotevoinseguire erilassamentoil
suostraordinariotesta sulle ginocchia di
Thornton, Bucktrasformato in materiale
di contenutoadorare a distanza.
LuiPotevomenzognaattraversol'ora,
ansiosa, vigile, da
Thorntonpiedi,ricercafino in
faccia,residentesu di
essa,analizzandoesso, seguendo con il
più acutohobbyogniespressione
fugace,ogni movimentooalternatodi
caratteristica. O, comepotrebbe essere
una minacciaaverlo, luiPotevogiacciono
più lontano, alsfaccettaturao
posteriore,analizzare, cercare, guardarei
contorni dila personae l'occasionalesi
spostadel suotelaio. Efrequentemente,
talediventatola comunionein cuihanno

vissuto, ilelettricitàdello sguardo di BuckPotevodisegna la testa di John Thorntonil giro, e luipotrebbe tornare indietrolo sguardo,senzadiscorso, il suocuore coronaricoche brillava dai suoi occhi come quelli di Buckcuore coronaricobrillava. Per unlungo terminedopo il suo salvataggio, Buck lo feceora non piùcome Thornton per sparire dalla sua vista. Dal'istanteha lasciato la tendamentrevi è entratoancora una volta, Secchiopotrebbe rispettarealle sue calcagna. Il suobrevemaestriconsiderando il fatto cheera venuto nel Northland aveva allevato in lui apreoccupazionequesto noafferrare può esserepermanente. Luidiventatopaura che Thorntonpotrebbe saltarefuori dal suoesistenzacome Perrault e Francois e lo scozzese1/2 di-razza avevaconsegnatofuori.

Persinoall'interno delnotte, nei suoi sogni, luidiventatoinfestatoattraversoquestopreoccupazione. A taleistanzeluiPotevoscrollarsi di dosso il sonno e strisciareattraversoilrelaxal lembo della tenda,in

qualeluiPotevostare   econcentratoal
suono del suopresta respirando.
Manonostantequestostraordinariol'amo
re che ha portato John Thornton,
cheapparsoper   parlare
ilteneroinfluenza   civilizzatrice,
ilfaticadel primitivo, che il Northland
aveva suscitato in lui, rimase vivo e
attivo. Fedeltà e devozione,importanato
dafocolaree tetto,sono statoil suo;maha
mantenuto la sua ferocia e astuzia.
Luidiventatounelementodel
selvaggio,sono   disponibili   indal
selvaggioprendere posto in fondodi John
Thorntonfocolare,in   preferenza
auncaninodelteneroSouthland   ha
impresso i segni di generazioni di
civiltà.   Per   colpa
suastraordinarioamore, luinon potrei
ladroda   questotipo,peròdaogni   altro
ragazzo, inogni altrocampo, lo feceora
non   piùesita   unsul
posto;mentreilvolpinocon il quale ha
rubato   gli   ha   permesso   di
farloscoppiarerilevamento. La   sua
faccia   etelaio   sono
statisegnatoattraversoildentedi
molticuccioli,   e   ha   combattuto
ferocemente   come   sempre
eextraastutamente. Skeet e Nigsono

statoanchepreciso- indole per litigare, - inoltre, appartenevano a John Thornton;tuttavia lo straordinario canino,indipendentemente daquale razza o valore,frettolosamente raccontatoLa supremazia di Buck oosservatolui stessosofferenzaperesistenzacon unorribileantagonista. E Buckdiventatospietato. Lui avevascoperto correttamenteilregolamentodiappartene nzae fang, e luiin nessun modoprecedutoun bonuso disegnatoparte bassa della schienada un nemico che avevainiziato il modoa morte. Aveva lezione da Spitz e dalleader che previene i cucciolidella polizia e della posta, e lo sapevac'è statoNocentrocorso. Luibisogno di afferrareo essere padroneggiato;mentre esporremisericordiadiventatouna debolezza. Misericordia ha fattoora non piùesistereall'interno delprimordialeesistenza. Essodiventatofrainteso perpreoccupazione, e tali incomprensioni fatte per la morte. Uccidere o essere ucciso,divorareo essere mangiato,diventatoilregolamento;   ea questo mandato, dal profondo del Tempo, ubbidì. Luidiventatopiù vecchio dii tempilui avevavisibilee i respiri che aveva tratto. Luicollegatoilal di làcon il presente e l'eternitànella parte posteriore dilui pulsavaattraversolui in apotenteritmo a cui ondeggiavaperché ilondeggiavano le maree e le stagioni. Si sedetteattraversodi John Thorntonfocolare, un petto largocanino, zanne bianche elungo- peloso;tuttavia nella parte posteriore diluisono statoilocchiali da soledi tuttimododicuccioli,1/2 di-lupi e lupi selvaggi,premendoe sollecitando, assaporando ilProvare piacere adila carne bovinamangiò, assetato dell'acqua che bevve, annusando con sé il vento, ascoltando con lui e raccontandogli i suoni che facevaattraversoil selvaggioesistenza all'interno dell'area boschiva, dettare i suoi umori, dirigere le sue azioni,mendacityright fino in fondodormi con luimentresi sdraiò, e sognando con lui epassatolui etrasformandosi instessi la materia dei suoi sogni. Così fece perentoriamentequegli occhiali da soleinvitalo, quelloogni giornol'umanità e le pretese dell'umanità sono scivolatelontano dallalui. Profondoall'interno dell'area boschivaunnome trasformato insuono, e comefrequentementecome ha sentito questonome, misteriosamenteinteressantee seducente, si sentivapressato per mostrareil suoparte bassa della schienasuil focolaree ilsopraffattoterrail giroesso, e tuffarsi nelzona boschiva, e così via, lo sapevaora non più in cuio perché; né luisorpresain cuio perché,la decisionesuonando imperiosamente, profondoall'interno dell'area boschiva. Ma comefrequentementecome luiha vintoilteneroterra ininterrotta e ilinespertoombra,l'affettoperché John Thornton lo ha disegnatoparte bassa della schienaail focolare ancora una volta. Thorntonda sololo tenne. IlrilassamentoDell'umanitàdiventatoco me niente. Opportunitàgli ospiti potrebbero ricompensareocucciololui;peròluitrasfor mato in bloodlessunderundertutto, e da un troppo dimostrativotipoluipotrebbe alzarsiepasseggiarelontano. Quando è di Thorntoncompagni, Hans e Pete, sono arrivatia lungo-previstozattera, Buck si rifiutòNotaloroFino aluiscopertoessisono stato vicinoThornton; dopo di che li ha tollerati in modo passivotipo di modo, accettando favori da loro comecomunqueluipreferitoloroattraversoaccettare. Essisono statodeluguale massicciocome Thornton,residente vicinola terra,interrogando sinceramentee vedere chiaramente; e prima che lanciassero la zattera nelmassiccioeddyattraversoilsi accorse-mulino a Dawson, hanno capito Buck e i suoi modi, e l'hanno fattoora non piùinsistere su un'intimitàcostituito da acquisitocon Skeet e Nig. Per Thornton, invece, il suo amoreapparsoasvilupparesviluppare. Lui,da me tra i ragazzi,dovrebbe essere posizionatounper centosu Buck'sparte bassa della schiena all'interno della stagione estivain viaggio. Nientediventatoanchestraordinarioper Buck da fare,mentreOrdinò Thornton. Un giorno (che lo avrebbero fattogrub si staccò dai proventi della zattera e lasciò Dawson per le sorgenti del Tanana) iragazziei cuccioli sono statisedutaalcresta di una rupe che cadeva,subitogiù versospoglioroccia di fondo3centinaioftunder. John Thorntondiventatosedutavicino aal limite, Buck alle sue spalle. UNsconsideratoil capriccio afferrò Thornton, e lui disegnòl'occhiodi Hans e Pete altestaveva in mente. "Salta, Buck!" ordinò, allungando il braccio e oltre l'abisso. Ilsuccessivo sullo spotaneousluidiventatoalle prese con Buck sul'acutobordo,mentreHans e Petesono statotrascinandoliparte bassa della schienain sicurezza. "È inquietante", Peteha dichiarato, dopo ciòdiventatoSoprae che loroavevoincollatoil loro discorso. Thornton scosse la testa. "No,è davvero fantastico, eè terribile, anche. Fairiconoscere, essouna volta ogni tantomi fa paura." "Lo sonoora non piùdesideroso di esserela personache giaceditasu di tementre lui è in giro," Pietrointrodottoconclusivamente, annuendo con la testaverso qualcosaSecchio. "Py Jingo!"diventatoIl contributo di Hans. "Nemmeno me stesso." Essodiventatoa Circle City, prima delsi è trasformato infuori, che le apprensioni di Petesono statorealizzato. Burton "nero",una personairascibile e malizioso,hanno sceltouna lite con un piede tenerosulsbarra,mentreThornton fece un passopreciso-naturalmentefra. Buck, comediventatosua abitudine,trasformato in menzognain un angolo, testa sulle zampe,analizzare, cercare, guardareil suopresa'Sa testaazione. Burton ha colpito,senzaavvertimento,subitodalla spalla. Thorntontrasformato in speditofilatura, eimmagazzinatostesso dalla cadutail più sempliceaggrappandosi al binario della sbarra. Quelli chesono stati alla ricercasu sentito cosadiventatoné abbaiare né guaito,peròunqualcosa che è eccezionale definitocome un ruggito,e che hanno notatodi Buckspinta verso l'altosuall'interno delaria come ha lasciato ilterraper la gola di Burton. Ilragazziil suoesistenza attraversolanciando istintivamente il braccio,tuttavia trasformato inscagliato all'indietro verso ilterracon Buck addossoculminedi lui. Buck ha sciolto il suodentedalla carne del braccio ed entròancora una voltaper la gola. Questa voltala personasuccessopiù sempliceinparzialmenteblocco, e la sua goladiventatosquarciato.   Quindila banda si è trasformata insu Buck, e luidiventato spintospento;tuttaviaunoperatore sanitariocontrollato l'emorragia, si aggirava su e giù, ringhiando furiosamente,provando acorrere dentro, ed essereriduttore di pressioneuna matrice diantagonistaclub. Una "riunione dei minatori",noto come almacchiare,determinatoche ilcaninoavevoabbastanzaprovocazione e Buckdiventatodimesso. Ma il suopopolarità si è trasformata infatto, e da quel giorno suocallunfoldviaognicampo in Alaska. Più tardi,all'interno delcaduta delanno, luiimmagazzinatodi John Thorntonesistenzaingrazioso altro stile. Il3 compagni sono statilinerun estesoemagrabarca a remi giù aterribiletratto di rapidealInsenatura di quaranta miglia. Hans e Pete si trasferironoa fiancoilistituzione finanziaria, snobbando conun magroCorda di Manila da un albero all'altro,mentreThornton è rimastoall'interno delbarca,assisterela sua discesausandoun palo, e urlandoIstruzionialla riva. Secchio,presso l'istituto finanziario,coinvoltie ansioso,immagazzinatoal fianco della barca, i suoi occhiin nessun modofuori dal suopresa. All'aparticolarmente orribilemacchiare,in qualeuna sporgenza dileggermenterocce sommerse sporgevano nel fiume, Hansrimandarela corda, e,mentreThornton spinse la barca nelmovimento, corse giù per ilistituzione finanziariacon ilportare ala sua mano per snobbare la barcamentreaveva liberato la sporgenza. Questo ha fatto, ediventatovolando giù-movimentoin unOggicomevelocecome una corsa al mulino,mentreHans lo controllò con la corda e controllò troppo all'improvviso. La barca ha flirtato e ha snobbato ilistituto finanziario sul retrosu,mentreThornton, gettato fuori di esso,diventatoportato giù-movimento versoil peggioreuna parte dile rapide, un trattodi indomitoacquain cuinessun nuotatoredovrebbe restare. Buck era saltato dentroa theon lo spotaneous; ealla finedi3cento iarde, in mezzo a un folle vortice d'acqua, revisionò

Thornton. Quando lo sentivatieniti strettola sua coda, Buck si diresse verso ilistituzione finanziaria, nuotando con tutto il suoelettricità formidabile. Ma ilsviluppoverso rivadiventatoLento; ilsviluppofuori usomovimentosorprendentementeveloce. Dasubito quiilmortaleruggendoin qualeil selvaggioOggiè andato più selvaggio etrasformato in locazionea brandelli e sprayattraversole rocce che spingonovia proprio come il dentedi unconsiderevolepettine. Il risucchio dell'acquaperchéha presola partenzadelchiusurapasso ripidodiventatospaventoso, e Thornton sapeva che la rivadiventato impossibile. Raschiò furiosamente su una roccia, feritoper tuttoun2°, e colpitoun 3°con frantumazionepressione. Si aggrappò alla sua scivolosaculmineinsieme aogni dito,liberazioneBuck, e al di sopra del rombo dell'acqua ribollente gridò: "Vai, Buck! Vai!" secchionon poteva preservareil suopersonale, e spazzato giù-movimento,sofferenzadisperatamente,t uttavia non in gradovincereparte bassa della schiena. Quando sentì ripetere il comando di Thornton,

luiparzialmenteallevato   fuori
dall'acqua, gettando la testa in alto,
comecomunqueper unchiusuraguarda,
alloracrebbe   fino   a
diventareobbedientementeverso
qualcosailistituzione   finanziaria.   Ha
nuotato   potentemente
ediventatotrascinato   a
terraattraversoPietro   e
Hanssulmoltofattore in cuiil nuoto ha
cessato   di   esserevitalee
distruzioneiniziato. Sapevano che il
tempouna   persona   dovrebbe
penzolaread   una   roccia
scivolosaall'interno   delfaccia   di
quelloridingpresent giorno si trasformò
inunricordaredi minuti,e che lorocorse
comevelocecomepotrebberosulistituto
finanziario a una certa distanzasoprain
qualeThorntontrasformato in mettereSu.
Essicollegatola stradacon cui lorosono
statosnobbando la barca al collo e alle
spalle   di   Buck,   essendocautoche
essodoverené   strangolarlo
néostacolareil suo nuoto, erilasciatolui
nelmovimento.   Ha   colpito   con
coraggio,tuttavia   ora   non   è   più
immediatamente
sufficientedentromovimento.
Luiosservato   l'erroretroppo

tardi,mentreThorntondiventatoal suo fianco e anudo1/2 di-dozzine di colpi di distanzamentreluidiventatoessere trasportato impotenteal di là. Hansdirettamentesnobbato con la corda, comecomunquesecchiosono statouna barca. La cordadi conseguenzastringendosi su di luiall'interno delspazzare delOggi, luidiventatosussultatosottoilpavimento, esottoilpavimentolui rimaseFino ail suotelaiocolpitoverso qualcosailistituzione finanziariae luidiventatotirato fuori. Luitrasformato in 1/2 diannegato, e Hans e Pete si gettarono su di lui, soffiandogli il respiro e fuori l'acqua. Barcollò verso il suopiedie cadde. Il debole suono della voce di Thorntonvai lìa loro, ecomunqueessinon potevodistinguere ilfrasidi esso, sapevano che luidiventatonella sua estremità. Il suopresaLa voce di Buck ha agito su Buck come unalimentato elettricamenteshock, balzò al suopiedie corse su ilistituto finanziario in anticipodelragazzialfattoredel suoprecedentepartenza. Di nuovo la cordadiventato connessoe luitrasformato in rilasciato, eancora una voltaha

colpito,peròquesta
voltasubitodentromovimento.   Aveva
calcolato male una volta,peròluiora non
poteva   piùessereresponsabiledi   esso
un2°volta.   Hans   ha   pagato   la
corda,permettendonessun
gioco,mentrePietroimmagazzinatoessop
uliredi   bobine.   secchioappeso   fino
aluidiventatosu   una   lineasubitosopra
Thornton; poi luicrebbe fino a diventare,
e   conil   tassodi   uninsegnamento
specificosi   diresse   verso   di   lui.
Thorntonsi accorselui venendo, e, come
Buck lo ha colpito come un ariete, con
ilintera pressionedeloggi sul retro dilui,
si   allungò   e   si   chiuse   conognidito
attraverso ilcollo ispido. Hans snobbò la
cordaattraverso   ilalbero,   e   Buck   e
Thorntonsono
statosussultatosottol'acqua.
strangolante, soffocante,una volta ogni
tantouno   in   alto   euna   volta   ogni
tantol'altro,   trascinandosi   sul
frastagliatodidietro,   schiaccianteverso
qualcosarocce e strappi, virarono verso
ilistituzione   finanziaria.   Thorntonvai
lìa,stomacoverso il basso e spinto con
violenzaavanti   e   indietrounfluiretronco
d'alberoattraversoHans   e   Pete.   Il   suo
primosguardo   trasformato   inper   Buck,

sul cui zoppicare ecornice apparentemente inutileNigtrasformato in immissioneun ululato,mentreTiro al piattellodiventatoleccare ilumidoviso e occhi chiusi. Thorntondiventatolui stesso ferito e maltrattato, e se ne andòcon cautelasu quello di Bucktelaio,mentreluisono stati consegnati in giro,localizzare3danneggiatocostole.
"Questo lo risolve", luiintrodotto. "Ci accampiamocorrettoqui." E accamparono lo fecero,Fino aLe costole di Buck lavoravano a maglia e luidiventato incapace diviaggiare. Quell'inverno, a Dawson, Buckraggiunto qualche altro approfittare di,ora non piùcosì eroico, forse,comunque uno posizionatoil suochiamatamolte tacchemeglio iltotem di fama in Alaska. Questoapprofittare trasformato in particolarmente divertenteal3ragazzi; perché stavano in piedivoleredell'attrezzatura che ha fornito, esono statoabilitato a fareun esteso-viaggio preferitonel vergine oriente,in qualeavevano i minatoriora non più ma considerato. Essotrasformato in consegnato approssimativamente attraversounscambio verbale all'interno

delSalone Eldorado,dove ragazziceratopresuntuosi nei loro cuccioli preferiti. Secchio,a causa diil suo record,diventatoilobiettivoperquei ragazzi, e Thorntondiventato spintofermamente ascudolui. Alusciredi1/2 diun'ora unoragazzi ha dettoChe il suocane dovrebbe cominciareuna slitta con5centinaiochiliepasseggiarevia con esso; un2°vantato600per il suocanino; eun 3°,700. "Pooh! Pooh!"ha dichiaratoJohn Thornton; "Buck puòinizio mille chili." "Edannoè uscito? epasseggiarevia con esso per100cantieri?" ha chiesto Matthewson, un re Bonanza, lui del700vanto. "Edannofuori, epasseggiarevia con esso per100metri", John Thorntonha dichiaratofreddamente. "Bene," Matthewsonha dichiarato, lentamente e deliberatamente, cosìche tutti dovrebberoascolta: "Hosono stati dati mille biglietti verdi che annuncianon può. E lìè lontano." Così dicendo, ha sbattuto un sacco d'orosporcodila scaladi una salsiccia bolognese giù sul bancone. Nessuno ha parlato. Il bluff di Thornton, se bluffalodiventato,sono stati conosciuti come. Luidovrebbe fare esperienzauno sciacquone dicaloresangue che gli scorreva lungo il viso. La sua lingua lo aveva ingannato. Lui feceora non riconosco più se o nosecchiodovrebbe iniziare un migliaio di chili. Mezza tonnellata! L'enormità della cosa lo sconvolse. Lui avevastraordinaria religioneda Buckelettricitàe avevafrequentemente idealuiin grado di iniziare qualsiasi cosa del generecarico;comunque in nessun modo, come adesso, aveva luiconfrontatoilopportunitàdi esso, gli occhi di una dozzinaragazzi costantesu di lui, silenzioso e in attesa. Inoltre, non ne aveva millebiglietti verdi; né Hans o Pete. "Io hosono stati datiuna slittastato fuori dalle porteora, con sopra venticinque libbre di sacchi di farina», proseguì Matthewson con brutale franchezza; «cosìnon permettereQuelloimpedirete." Thornton lo feceora non piùrispondere. Lui feceora non lo riconosco piùcosa dire. Guardò datesta a testa all'interno delassentemanieradiuna personache hafuori luogoilenergiadiideaed ècercando un postoaindividuareilelemento con vista per iniziaresta andandoancora una volta. Il volto di Jim O'Brien, un Re Mastodonte e compagno d'altri tempi,incollatoi suoi occhi. Essodiventatocome spunto per lui, apparentementeevocarelui a fare quello che luinon potrebbe in alcun modoho sognato di fare. "Puoi prestarmimille?" chiese,quasiin un sussurro. "Sicuro,"ha rispostoO'Brien, che butta giù un sacco di soldiattraversoilsfaccettaturadi Matthewson. "Anche seèpiccoloreligioneSto cercando, John, che la bestia possa fare il trucco." L'Eldorado svuotò i suoi occupantila strada da guardareil test. Le tavolesono statodeserto, e ilvenditorie guardacacciavai lìviaguardareilrisultati finalidelindovinareemettereprobabilità. Diverse centinaiaragazzi, peloso e guantato, piegatoattraverso ilslittainterno lisciodistanza. La slitta di Matthewson, carica dimille chilidi farina,sono statopermultiploore, ed entrogli acuti senza sangue(essodiventatosessantasottozero) i corridori si erano congelativelocealdifficile- neve compatta. Uominipresentataprobabilità diuno chesecchionon potevomuovere la slitta. Sorse un cavilloper quanto riguardailparola"dannofuori." O'Brien lo contestavadiventatoIl privilegio di Thornton di liberare i corridori, lasciando Buck a "dannofuori" da ainutilefermo. Matthewson ha insistito sul fatto che ilcoperto di parolestrappando i corridori dalla morsa gelata della neve. La maggioranza delragazziche aveva assistito alla realizzazione delscommessa determinataa suo favore, per cuile possibilitàsalìda 3 ad almeno uno versoSecchio. Làsono statonessun acquirente. Nonuna personagli credettecapace dil'impresa Thorntonsono stati spostati rapidamentedentroindovinare, carico di dubbi; e ora che luicontrollatola slitta stessa, il fatto concreto, con ilgruppo ordinarioSpessocuccioliarricciatoall'inte rno delneveprima diesso, ilextranon possibileilincarico considerato. Matthewson era esultante. "Tread almeno uno!" proclamò. "Ti metto a terraqualche altromille a quella cifra, Thornton. Che ne dici?" Il dubbio di Thorntontrasformato in robustoin faccia,peròil

suoprevenirespiritodiventatoeccitato:
ilprevenirespirito che vola al di sopra
delle   probabilità,   non
riescecomprendereilnon possibile, ed è
sordo a tuttinegozioil clamore della
battaglia. Luiconosciuto comeHans e
Pete a lui. I loro sacchisono statosottile,
einsieme con hispersonalil3compagni
hanno   cercatorastrellocollettivamente
più semplicecentinaiobiglietti verdi. Nel
riflussonel   lorofortune,   questa
sommadiventatoi
lorocomplessivamentecapitale;malo
posarono   senza   esitazioneverso
qualcosaquello di Matthewson600.
IlgruppoSpessocuccioli   trasformati
insganciato,   e   Buck,insieme   con
hispersonalimbracatura,girato   in
posizionenella   slitta.   Lui
avevaincollatoil   contagio
dell'eccitazione, e si sentìche durante
poche   maniereluibisogno   difare
unelemento   straordinarioper   John
Thornton. Mormorii di ammirazione al
suoaspetto   fantasticosalì.
Luidiventatoinmigliorecondizione,con
un'onciadi   carne   superflua,   eil
solocentocinquantachiliche   ha
pesatosono stati così tanti chilidi grinta
e virilità. Il suopelosocappotto brillava

con la lucentezza della seta. Giù il collo eper tuttole spalle, la sua criniera, a riposoperché si è trasformato in,1/2 disetola esembrava alzareinsieme aogni movimento, comeanche se extradipotenzafattoogni unicocapelli vivi e attivi. Ilstraordinarioseno e zampe anteriori pesantisono statoNoextrache dentropercentualecon ilrilassamentodeltelaio,in qualeilconfermati i tessuti muscolariin rotoli strettisottola pelle. Gli uomini si sentivanoquei tessuti muscolarie li ha proclamatidifficilecome ferro, ele possibilitàandato giùda 2 ad almeno uno. "Gad, signore! Gad, signore!" balbettò un membro delOggidinastia, un re degli Skookum Benches. "IOfornirevoi8cento per lui, signore,prima dila prova, signore;8centinaiosemplicementecosì com'è.» Thornton scosse la testa e si avvicinò a Bucksfaccettatura. "Voibisogno diallontanati da lui", protestò Matthewson. "Gioco libero emassedi spazio." La folla tacque;il più semplice può essereudiva invano le voci dei giocatoripresentando ad almeno uno. TuttiraccontatoBuck aabbaglianteanimale,peròanche venti sacchi di farina da cinquanta libbremassiccio di loroocchi per allentare i lacci delle borse. Thornton si inginocchiòattraversodi Bucksfaccettatura. Ha preso la testa nella suaditae appoggiò guancia su guancia. Lui feceora non piùscuoterlo giocosamente, comediventatosua abitudine, o mormorioteneromaledizioni d'amore;perògli sussurrò all'orecchio. "Cometi piaceio, Buck. Cometi piaceme,"diventatoquello che ha sussurrato. Buck gemette con ansia repressa. La follatrasformato in guardarecuriosamente. L'affaretrasformato in sviluppomisterioso. Essoapparsocome un'evocazione. Come Thorntonsono stati datial suopiediBuck gli afferrò la mano guantatafrale sue mascelle,urgenteininsieme a histootheliberazionelentamente,1/2 di-a malincuore. Essodiventatola risposta, in termini,ora non piùdel discorso,tuttavia di affetto. Thornton fece un passocorrettamente la parte bassa della schiena. "Ora, Buck," luiha dichiarato. Buck ha stretto illinee, quindi li ha rallentati per

aricordaredinumerosepollici.
Essodiventatoilmanieralui
avevascoperto. "Accidenti!" La voce di
Thornton risuonò, acutadentro
l'inquietantesilenzio. Buck oscillato
verso ilcorretto,finturailmovimentoin
un tuffo che ha preso il gioco e con
asorprendentecoglione arrestò il
suocentoe cinquantachili. Il carico
tremò, e dasottoi corridori si alzarono
con un crepitio croccante. "Ah!" Ordinò
Thornton. Buck ha duplicato la
manovra, questa volta a sinistra. Il
crepitiocambiato inuno scatto, la slitta
che fa perno e le guide che scivolano e
gracchianonumerosepollici
alsfaccettatura. La slittatrasformato in
danneggiatofuori. Uominisono stati
conservandoi loro respiri,
intensamentesubconsciodel fatto. "Ora,
MUSH!" Il comando di Thornton
esplose come un colpo di pistola. Buck
si gettòavanti, stringendo illineecon
uno stridente affondo. Il suol'intero
frame è stato
raccoltocompattamentecollettivamente
all'interno di theremarkablesforzo,
iltessuti muscolaricontorcendosi e
annodando
comestaymattersbeathneathla pelliccia

setosa. Il suostraordinarioil pettodiventatobasso a terra, la testaavantie giù,mentreil suosono statovolando come un matto, gli artigli sfregiano ildifficile- neve compatta in solchi paralleli. La slitta ondeggiava e tremava,1/2 di-cominciate avanti. Uno dei suoipiediscivolato, e unotipogemette ad alta voce. Poi la slitta ha barcollatoin anticipoin cosaconsideratounvelocesuccessione di scatti,comunqueessoin nessun modo veramente arrivato quiad uninutileforestallo di più...1/2 diun pollice... un pollice... pollici... I sussulti diminuirono sensibilmente;perché ilslittaha vintoslancio, luiincollatoloro su,Fino aessosi trasformò gradualmente al fianco. Gli uomini sussultarono einiziato a respirare ancora una volta, ignaro che per asecondo che lo avrebbero fattocessatorespirare. Thorntondiventato in partenza per le passeggiate sul retro di, incoraggiando Buck con un breve, allegrofrasi. La distanzasono statomisurò, e mentre si avvicinava al mucchio di legna da ardere che segnava ilusciredelle cento iarde, un applausoiniziatoasviluppareesviluppare, che esploseproprio in unruggire come luiconsegnatola legna da ardere e si fermò a comando. Ogniragazzo si è trasformato indilaniandosi, anche Matthewson. Cappelli e guantisono statovolareall'interno delaria. Uominisono statotremantedita, lo ha fattoora non ricordo piùcon chi, eeffervescentefinita in adi tendenzababele incoerente. Ma Thornton cadde in ginocchio accanto a Buck. Testatrasformato intesta, e luidiventatoscuotendoloavanti e indietro. Quelli chesi mosse rapidamentefino a sentirlo maledire Buck, e lui lo maledisselungoe con fervore, e dolcemente e amorevolmente. "Gad, signore! Gad, signore!" farfugliò il re della Panca Skookum. "Malatovenire con milleper lui, signore,mille, signore... duecento, signore." Thornton si alzò al suopiedi. I suoi occhisono stati umidi. Le lacrimesono statoscorrendo francamente lungo le sue guance. "Signore", luiha dichiaratoal re della panchina Skookum, "no, signore. Puoivisitarediavolo, signore. È ileccezionalePosso fare per voi, signore.» Buck afferrò la mano di

Thornton nella suadente. Thornton lo scosseavanti e indietro. Comeanche se vivaceunluogo non insolitoimpulso, disegnavano gli astantiparte bassa della schienaaun deferentedistanza; nésono statoessiancora una voltaindiscretosufficienteinterrompere.

9 7 9 8 8 4 6 4 1 4 3 3 4